Savannah College of Art and Design

D0822594

2 color index

NC
997
.K732
2007
Ref.

JIM KRAUSE

HOW
BOOKS

CINCINNATI, OHIO
www.howdesign.com

COLOR INDEX 2. Copyright © 2007 by Jim Krause. Manufactured in China. All rights reserved. No other part of this book may be reproduced in any form or by any electronic or mechanical means including information storage and retrieval systems without permission in writing from the publisher, except by a reviewer, who may quote brief passages in a review. Published by HOW Books, an imprint of F+W Publications, Inc., 4700 East Galbraith Road, Cincinnati, Ohio 45236. (800) 289-0963. First edition.

For more fine books from F+W Publications, visit www.fwbookstore.com.

11 10 09 08 07 5 4 3 2 1

Distributed in Canada by Fraser Direct, 100 Armstrong Avenue, Georgetown, Ontario, Canada L7G 5S4, Tel: (905) 877-4411. Distributed in the U.K. and Europe by David & Charles, Brunel House, Newton Abbot, Devon, TQ12 4PU, England, Tel: (+44) 1626-323200, Fax: (+44) 1626-323319, E-mail: postmaster@davidandcharles.co.uk. Distributed in Australia by Capricorn Link, P.O. Box 704, Windsor, NSW 2756 Australia, Tel: (02) 4577-3555.

Library of Congress Cataloging-in-Publication Data

Krause, Jim, 1962-
Color index 2 / Jim Krause.
p. cm.
ISBN-13: 978-1-58180-938-1 (pbk. with vinyl : alk. paper)
1. Graphic arts--Handbooks, manuals, etc. 2. Color guides--Handbooks, manuals, etc. I. Title. II. Title: Color index two.
NC997.K732 2008
701'.85--dc22 2007028553

Cover and interior design by Jim Krause

Edited by Amy Schell
Art directed by Grace Ring
Production coordinated by Greg Nock

F+W PUBLICATIONS, INC.

Again, for my son and best friend, Evan.

About the Author

Jim Krause has worked as a designer/illustrator/photographer in the Pacific Northwest since the 1980s. He has produced award-winning work for clients large and small and is the author and creator of seven other titles available from HOW Design Books: *Idea Index, Layout Index, Color Index, Design Basics Index, Photo Idea Index, Type Idea Index* and *Creative Sparks*.

www.jimkrausedesign.com

TABLE OF CONTENTS

Introduction, Part I: Lesson(s) Learned 8-9

Introduction, Part II: About This Book 10-15

Introduction, Part III: Color Basics 16-21

Color Combinations:

1:	**BLUE** **24-73**	Blue Expansion Palettes **26-27**	Combinations of Blue Hues **28-35**
2:	**VIOLET** **74-123**	Violet Expansion Palettes **76-77**	Combinations of Violet Hues **78-85**
3:	**RED** **124-173**	Red Expansion Palettes **126-127**	Combinations of Red Hues **128-135**
4:	**ORANGE** **174-223**	Orange Expansion Palettes **176-177**	Combinations of Orange Hues **178-185**
5:	**YELLOW** **224-265**	Yellow Expansion Palettes **226-227**	Combinations of Yellow Hues **228-235**
6:	**GREEN** **266-315**	Green Expansion Palettes **268-269**	Combinations of Green Hues **270-277**
7:	**MIXED** **316-357**	Mixed Combinations of Saturated Hues **318-327**	Mixed Combinations of Semi-Muted Hues **328-337**

Blues + Neighboring Hues **36-45**	Blues + Opposing Hues **46-57**	Blues + Neutral Hues **58-65**	Blues + Blacks and Tints of Black **66-73**
Violets + Neighboring Hues **86-95**	Violets + Opposing Hues **96-107**	Violets + Neutral Hues **108-115**	Violets + Blacks and Tints of Black **116-123**
Reds + Neighboring Hues **136-145**	Reds + Opposing Hues **146-157**	Reds + Neutral Hues **158-165**	Reds + Blacks and Tints of Black **166-173**
Oranges + Neighboring Hues **186-195**	Oranges + Opposing Hues **196-207**	Oranges + Neutral Hues **208-215**	Oranges + Blacks and Tints of Black **216-223**
Yellows + Neighboring Hues **236-243**	Yellows + Opposing Hues **244-253**	Yellows + Neutral Hues **254-259**	Yellows + Blacks and Tints of Black **260-265**
Greens + Neighboring Hues **278-287**	Greens + Opposing Hues **288-299**	Greens + Neutral Hues **300-307**	Greens + Blacks and Tints of Black **308-315**
Mixed Combinations of Neutrals and Muted Hues **338-347**		Mixed Combinations of Neutrals and Saturated Hues **348-357**	

LESSON(S) LEARNED

This book's predecessor, **Color Index**, taught me several hard-earned lessons about project management and reality. **Color Index** was my third book, and for me, its creation was a grisly affair—a case study of *creative fervor colliding with an unyielding deadline on the immense scale of a year-long project.* When the book was finished, the condition of my health, enthusiasm and social life could be described in two words: *wiped out.*

Following the project, my editor asked if I wanted to submit a proposal for another book. I told her I wasn't interested and that I was returning forever to the relative sanity of client work. (The fact that I was equating sanity with client work should tell the reader all they need to know about my mental condition in those days.)

Still, it only took about six months before the agony of **Color Index** dimmed and I found myself phoning the publisher with ideas for another book. This turn of events can be attributed to two things: the passage of time and the arrival of glowing sales reports. It's amazing how brisk sales can improve a person's attitude toward their occupation.

The real-world schooling I received from my **Color Index** experience—as unpleasant as it was—has proven invaluable in teaching me to manage (and even enjoy) the creation of every book I've worked on since. This was especially true in the case of **Color Index 2** on account of its obvious topical connection with **Color Index**. And since **Color Index 2** is my first sequel, it's also granted me my first-ever chance to analyze the functionality of one of my existing books—over a significant period of time—in a way that helped with a new book's design. Part II of this introduction highlights many of the usability upgrades I was able to incorporate into the structure and content of **Color Index 2**.

Now that it's finished, I'm pleased to report that **Color Index 2** was a terribly challenging, regularly frustrating and hideously time-devouring project that left me feeling entirely rewarded and rejuvenated—just what I would hope for from a large scale and personally significant creative endeavor.

Thank you for picking up a copy of **Color Index 2**. I hope it becomes a valued addition to the many creative resources already in your possession.

Jim K.

Jim Krause
jim@jimkrausedesign.com

ABOUT THIS BOOK

The following questions and answers are designed to highlight differences—and likenesses—between COLOR INDEX and COLOR INDEX 2. The answers also offer suggestions about how to take advantage of this book's creativity-enhancing content.

Do you need to own COLOR INDEX to use COLOR INDEX 2?

No. COLOR INDEX 2 is a self-contained, stand-alone book of color combinations. Its palettes and ideas can be used on their own or in conjunction with those in COLOR INDEX.

COLOR INDEX and COLOR INDEX 2: What is the same?

- Both COLOR INDEX books were created with the same goal in mind: to offer color-related ideas and solutions to the likes of designers, illustrators, photographers and fine artists.

- COLOR INDEX and COLOR INDEX 2 each use sets of mini-illustrations to demonstrate differences between related palettes. Both books provide the CMYK and RGB formulas for every color used in these palettes.

- As with its predecessor, the last page of COLOR INDEX 2 offers a set of masks that you can cut out and use to view palettes without undue distraction from nearby color samples.

COLOR INDEX and COLOR INDEX 2: What's different?

- The original COLOR INDEX displayed palettes built from two, three and four colors—ideal for coloring typical logos, layouts and illustrations. This sequel contains combos of three, four and five colors. The larger palettes in this volume may be especially useful to artists working on more complex designs or illustrations.

- **Color Index 2** features color combinations that are different than those in **Color Index**. Also, a majority of the individual colors in this book are different from those in **Color Index**.

- A new system has been used to organize the content of **Color Index 2**. In this volume, the first six chapters are labeled according to a dominant hue*: blue, violet, red, orange, yellow and green. Subsections within each of these chapters feature variations of that chapter's hue in palettes of their own; with their color-wheel neighbors; with opposing hues; with neutrals; and with black and tints of black.

  This structure reflects the notion that most designers and artists begin projects with at least some inkling of which colors they want to feature or favor. A designer, therefore, who knows that she wants to focus on a certain hue for her logo, layout or illustration could begin her search for relevant hues in the chapter devoted to that color and its relatives. In that chapter, she will find individual hues to consider *and* entire palettes built around her preferred hues.

  In the interest of offering the reader as broad a selection of color choices as possible, labels such as "blue" and "orange" have been applied in a very broad sense throughout this book. To get

* The terms "hue" and "color" are used interchangeably throughout this book. These and other color-related terms are explained in Part III of this introduction (Color Basics) on pages 16-21.

an idea of how inclusively terms such as these have been applied, take a look at the palettes shown on the first spread of the blue chapter (pages 26-27). These palettes contain all the blues used in that chapter. As you can see, these hues range widely: from blue-green to blue-violet, from light to dark, and from highly saturated to heavily muted.

The seventh chapter of **Color Index 2** features mixed combinations—palettes that are not dominated by a specific hue.

- Expansion palettes are presented for the first time in **Color Index 2.** These palettes appear at the beginning of each of the book's first six chapters. An expansion palette is a set of four related hues, arranged from dark to light. Chapters one through six have fourteen expansion palettes each (except for yellow, which has eight). The colors in these palettes are used as representatives of their chapter's dominant hue.

65c	90m	0y	0k	117r	64g	152b
45c	60m	0y	0k	148r	116g	180b
20c	30m	0y	0k	199r	178g	214b
10c	20m	0y	0k	223r	204g	228b

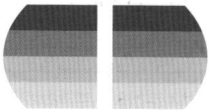

An expansion palette is a set of four related hues, arranged from dark to light.

The primary function of expansion palettes is to offer readers the option of exploring color combinations other than those featured in the book's samples. Users who wish to take advantage of these palettes' exploratory capabilities (outlined on the next page) will need to know which hues in a particular color

A vertical strip of colors is used to display each illustration's hues. Colors borrowed from that chapter's expansion palettes appear above the white divider line.

combination come from that chapter's expansion palettes. This is easy: Every sample illustration in **Color Index 2** is accompanied by a vertical strip of colors that displays each of the illustration's hues. Colors borrowed from that chapter's expansion palettes appear above the thin white line in the strip. If there is no line, then all of the colors in that strip have come from the chapter's expansion palettes.

Expansion palettes can be used to expand upon—or make substitutions within—this book's color combinations. For example, say you come across a five-part color combination in the violet chapter that suits an illustration you're working on. The only problem is, you could really use six or seven colors to finalize the illustration. Since the color combination you're interested in appears in the violet chapter, you could begin your search for additional hues by trying out colors related to the combination's violet hues. These colors can be found at the beginning of the chapter, in the expansion palettes associated with the sample's violets. There's a good chance that these hues will meld harmoniously with the combination's existing colors because of their relation to some of its existing members. Expansion palettes can also be employed in this way if substitutions (instead of additions) are being sought for one or more hues in a particular combination.

Expansion palettes can also be used as raw material for color-related creative exploration. Experienced artists may find it useful to load the numerical formulas of favored hues into the documents they are working on—along with the colors in those hues' expansion palettes. (These colors and their expansion palettes could come from one chapter or several chapters.) Once a user has loaded these formulas into a document, they can then freely explore a wide spectrum of palette-building ideas for a design or illustration. Artists with sufficient confidence in their ability to assess color combinations may find this use for expansion palettes a great aid for expanding—and narrowing—their search for a project's final palette.

- **Color Index 2** uses an updated method for converting CMYK colors to RGB.

  As many readers are aware, CMYK is an ink-based system that employs percentages of cyan, magenta, yellow and black inks to reproduce specific colors. RGB, on the other hand, is a light-based model that relies on different amounts of red, green and blue light to render colors for video display. Difficulties arise when equivalents are sought between CMYK and RGB since there is no way of ensuring consistent color reproduction through either system: CMYK colors are affected by the kind of paper being printed on, the accuracy of the printing, and the type of printer being used (offset, inkjet, etc.); RGB hues are affected by the make, model, age and calibration of the display on which they appear.

  Taking these incompatibilities into account as best they can, software companies have devised a number of ways of determining adequate likenesses between CMYK and RGB colors. **Color Index 2** uses the system of conversion developed by Adobe for use in its highly regarded creativity-oriented products (Photoshop, Illustrator and InDesign). The worldwide acceptance of these programs—and the global reliance of professionals on Adobe's benchmark method of color conversion—makes this system a natural choice for the CMYK/RGB conversions in this book.

Color Confidence.

In addition to offering ready-to-go palettes, **Color Index 2** is designed provide artists with the raw material for creating color combinations of their own. The book's expansion palettes are especially suited to this task.

The topic of palette creation prompts an important question: If a person is unsure of their proficiency in creating and evaluating color combinations, how can they go about building confidence in these areas? There are three components to this kind of artistic development: observation, practice and study. *Look* at the works of accomplished designers, painters and photographers; *practice* artistic expression through painting, design and photography; and *study* color theory through books, magazines and Internet sources. These activities are virtually guaranteed to enhance the color savvy of anyone who engages in them—and they're almost always more fun than difficult.

Please keep in mind that while a significant effort has made to ensure the accuracy of the colors and formulas presented in this book, the possibility for error exists. When working with print media, it is strongly recommended that you:

- *cross-check all colors and CMYK formulas with a reliable process color guide;*
- *consult with your printing company about issues that may arise given the specifics of your project;*
- *carefully inspect both pre-press and on-press proofs for accurate color.*

Neither the author nor the publisher of Color Index 2 *accepts responsibility for errors in the formulas or presentation of the colors in this book.*

COLOR BASICS

The color wheel is a useful—though limited—means of visually describing relationships between **hues** (another word for colors). Three hues—blue, red and yellow—are given special status on the color wheel. These hues are known as the **primary colors** since all other hues on the wheel are derived through mixtures of these colors. When two primary colors are mixed in equal amounts, a **secondary color** (violet, orange or green) is created. A **tertiary color** results when a primary hue is mixed with one of its neighboring secondary hues.

The two-dimensional color wheel is useful for describing simple associations between hues, but a three-dimensional system is needed to represent the full range of possible colors. This expanded model takes three factors into account: hue, saturation and value.

Hue is a color's position within the 360° circle of the color wheel. Some hues have commonly-used names such as blue, violet and blue-violet.

Saturation is a measurement of a hue's purity (or *intensity*). A fully saturated hue is a color in its purest form. Less saturated colors are those that have been muted (or *grayed*) through the addition of its complement (the hue directly opposite on the color wheel), neutral hues or black.

Value is a term that relates to how light or dark a color is on a scale of white to black. Value plays critical roles in the creation and application of any palette's colors (extra attention has been devoted to describing some of these roles on the following spread).

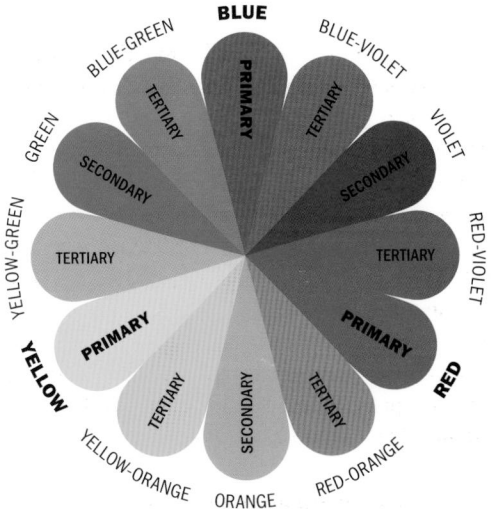
BLUE
BLUE-VIOLET
VIOLET
RED-VIOLET
RED
RED-ORANGE
ORANGE
YELLOW-ORANGE
YELLOW
YELLOW-GREEN
GREEN
BLUE-GREEN
PRIMARY
TERTIARY
SECONDARY
TERTIARY
PRIMARY
TERTIARY
SECONDARY
TERTIARY
PRIMARY
TERTIARY
SECONDARY
TERTIARY

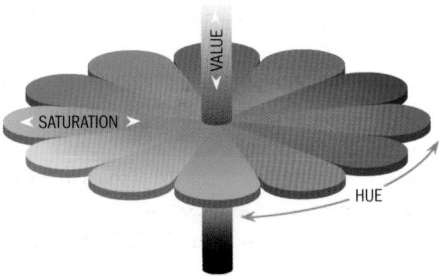
VALUE
SATURATION
HUE

THE VALUE OF VALUES

Designers, fine artists and photographers often rely on differences in the relative values of the colors in their layouts and images to direct attention and establish mood. Strong contrast tends to attract notice and generate energy. Low levels of contrast are often employed among backdrop elements and as a means of quieting a composition's visual impact.

The following samples highlight a few more considerations to take into account when making color and value decisions.

Hint: Sometimes it's difficult to see an image's values without being distracted by its colors. Try squinting. In many cases, squinting helps the eye ignore colors so that it can better concentrate on values.

VALUE VS. COLOR:
There's a saying among painters, *"A color can't be right if its value is wrong."* If realism is the goal, it's generally more important to capture the value of a subject's color than it is to accurately represent the actual color of the subject. Notice how the face in this set's final image is still recognizable—even though it has been colored with an unorthodox set of hues.

HIGH CONTRAST OFFERS OPTIONS
Note how the values in this palette range evenly from light to dark. Hues from palettes such as this can be creatively applied since each color stands out well against every other hue in the set.

LOW CONTRAST REQUIRES CARE
This palette contains a dark hue, a light hue and three hues of simillar value. This type of palette comes with a caution: Avoid applying its colors in a way that defeats your subject's legibility (far right).

WHITE (OR BLACK) TO THE RESCUE
The palette used here contains five hues that are close in value. If you want to apply a set of colors such as this to an image, consider using white or black lines between the hues to help define the image's content (far right).

Original image: Logical colors, logical values.

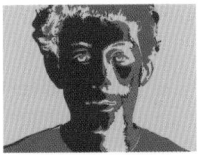

Right colors; wrong values. Confusion results when an image's values are shuffled.

The viewer's eye understands an image whose values follow logic—even if its colors are unnatural.

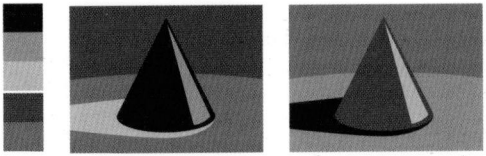

CREATING COMBOS

Many of the color combinations in this book were influenced by the methods of palette creation shown on this spread. Consider applying the concepts behind these time-proven formulas to your own search for effective palettes.

MONOCHROMATIC PALETTES

When a hue from one segment of the color wheel is varied according to value or saturation, a monochromatic palette is created. Monochromatic sets can contain any number of hues.

TRIADIC COMBINATIONS

Hues from equally spaced positions on the color wheel are known as triads. Intriguing palettes can be created when the members of a triadic combination have different values or levels of saturation.

ANALOGOUS GROUPINGS

Analogous color combinations are built from adjacent segments (or every-other adjacent segment) of the color wheel. Analogous groupings are not limited to three hues (as shown).

COMPLEMENTARY ASSOCIATIONS

A hue's complement is its opposite on the color wheel. A split complement is a three-part palette made of a hue and its complement's neighbors. Try out different values and levels of saturation for the members of these kinds of complementary associations when devising palettes.

Monochromatic

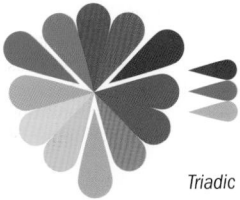

Triadic

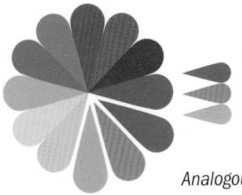

Analogous

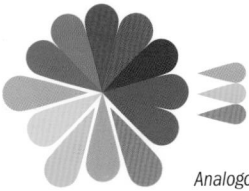

Analogous, variation

Complementary

Split Complementary

COLOR COMBINATIONS

1: BLUE

Hues ranging from green-blue to blue-violet;
saturations from intense to muted;
values from light to dark.

CHAPTER CONTENTS:

26-27
Expansion Palettes*

28-35
Combinations of Blue Hues

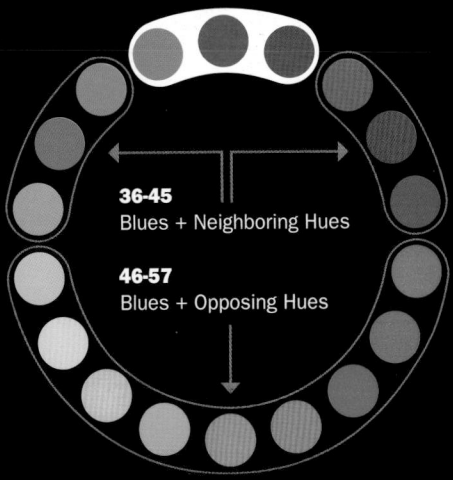

58-65
Blues + Neutral Hues

66-73
Blues + Black and Tints of Black

* *See pages 12-14 for more information about expansion palettes.*

CMYK PERCENTAGES:				RGB VALUES:		
90c	0m	40y	0k	0r	175g	173b
60c	0m	30y	0k	91r	196g	190b
35c	0m	20y	0k	164r	218g	210b
15c	0m	10y	0k	215r	237g	230b
60c	0m	10y	30k	58r	150g	170b
40c	0m	10y	20k	122r	179g	190b
30c	0m	10y	10k	158r	203g	208b
15c	0m	5y	5k	202r	226g	228b
60c	10m	20y	40k	62r	123g	135b
45c	10m	20y	30k	104r	145g	151b
35c	0m	10y	30k	120r	165g	172b
20c	0m	10y	20k	167r	193g	192b
90c	0m	0y	50k	0r	107g	145b
65c	0m	0y	30k	24r	148g	184b
35c	0m	0y	20k	131r	183g	208b
15c	0m	0y	10k	192r	217g	229b
100c	30m	20y	0k	0r	136g	178b
75c	20m	20y	0k	42r	159g	188b
55c	10m	20y	0k	112r	185g	198b
35c	10m	20y	0k	166r	199g	199b
70c	20m	10y	20k	53r	137g	170b
45c	10m	10y	20k	114r	161g	180b
35c	10m	10y	10k	149r	183g	197b
25c	5m	5y	5k	178r	206g	220b
70c	30m	20y	40k	51r	100g	122b
45c	10m	10y	40k	91r	130g	146b
35c	10m	10y	30k	123r	151g	163b
25c	5m	5y	20k	156r	181g	193b

CMYK PERCENTAGES:

RGB VALUES:

100c	0m	0y	0k	0r	173g	239b
60c	0m	0y	0k	68r	199g	244b
35c	0m	0y	0k	157r	220g	249b
15c	0m	0y	0k	212r	239g	252b
100c	50m	0y	0k	0r	113g	188b
80c	20m	0y	0k	0r	158g	219b
40c	10m	0y	0k	146r	197g	234b
20c	5m	0y	0k	199r	223g	244b
90c	40m	0y	20k	0r	107g	166b
70c	20m	0y	20k	45r	137g	185b
35c	10m	0y	10k	146r	183g	214b
20c	0m	0y	10k	180r	213g	229b
70c	50m	30y	30k	72r	91g	113b
60c	30m	10y	30k	80r	116g	147b
35c	10m	0y	30k	120r	152g	178b
25c	10m	0y	20k	155r	175g	198b
100c	70m	0y	0k	0r	91g	171b
75c	40m	0y	0k	62r	133g	198b
40c	20m	0y	0k	149r	181g	223b
15c	10m	0y	0k	212r	218g	238b
80c	60m	0y	40k	42r	69g	122b
60c	40m	0y	20k	91r	117g	167b
40c	20m	0y	20k	125r	152g	187b
15c	0m	10y	0k	215r	237g	230b
60c	50m	10y	40k	77r	83g	118b
40c	30m	10y	40k	104r	111g	132b
30c	20m	0y	20k	145r	158g	188b
15c	10m	0y	10k	192r	198g	217b

The blue chapter opens with monochromatic and near-monochromatic sets of colors. The hues in these samples come from this chapter's expansion palettes (previous spread). Monochromatic schemes tend to be more visually sedate than those built with hues from opposing positions on the color wheel.

15c	10m	0y	10k		192r	198g	217b	
15c	0m	0y	10k		192r	217g	229b	
15c	0m	0y	0k		212r	239g	252b	

75c	20m	20y	0k		42r	159g	188b	
55c	10m	20y	0k		112r	185g	198b	
35c	10m	20y	0k		166r	199g	199b	

90c	40m	0y	20k		0r	107g	166b	
60c	0m	0y	0k		68r	199g	244b	
80c	20m	0y	0k		0r	158g	219b	

70c	20m	0y	20k		45r	137g	185b	
100c	0m	0y	0k		0r	173g	239b	
60c	0m	30y	0k		91r	196g	190b	

100c	70m	0y	0k	0r	91g	171b	
45c	10m	10y	40k	91r	130g	146b	
25c	5m	5y	20k	156r	181g	193b	

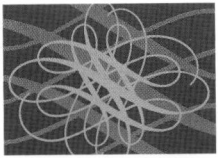

70c	30m	20y	40k	51r	100g	122b	
65c	0m	0y	30k	24r	148g	184b	
30c	0m	10y	10k	158r	203g	208b	

75c	40m	0y	0k	62r	133g	198b	
70c	20m	10y	20k	53r	137g	170b	
40c	20m	0y	0k	149r	181g	223b	

60c	10m	20y	40k	62r	123g	135b	
40c	0m	10y	20k	122r	179g	190b	
20c	0m	10y	20k	167r	193g	192b	

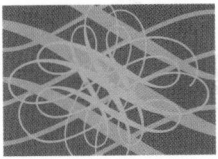

60c	50m	10y	40k	77r	83g	118b	
40c	30m	10y	40k	104r	111g	132b	
80c	20m	0y	0k	0r	158g	219b	

80c	60m	0y	40k	42r	69g	122b
60c	40m	0y	20k	91r	117g	167b
35c	0m	0y	0k	157r	220g	249b

60c	50m	10y	40k	77r	83g	118b
35c	10m	0y	30k	120r	152g	178b
35c	10m	0y	10k	146r	183g	214b

100c	50m	0y	0k	0r	113g	188b
90c	0m	40y	0k	0r	175g	173b
60c	0m	0y	0k	68r	199g	244b

100c	30m	20y	0k	0r	136g	178b
35c	10m	10y	10k	149r	183g	197b
25c	5m	5y	5k	178r	206g	220b

35c	0m	10y	30k	120r	165g	172b
35c	0m	20y	0k	164r	218g	210b
15c	0m	10y	0k	215r	237g	230b

100c	50m	0y	0k	0r	113g	188b	
60c	0m	0y	0k	68r	199g	244b	
35c	0m	0y	0k	157r	220g	249b	
15c	0m	0y	0k	212r	239g	252b	

90c	40m	0y	20k	0r	107g	166b	
70c	20m	0y	20k	45r	137g	185b	
35c	10m	0y	10k	146r	183g	214b	
20c	0m	0y	10k	180r	213g	229b	

40c	20m	0y	20k	125r	152g	187b	
35c	0m	0y	20k	131r	183g	208b	
25c	5m	5y	5k	178r	206g	220b	
15c	0m	10y	0k	215r	237g	230b	

70c	30m	20y	40k	51r	100g	122b	
45c	10m	10y	20k	114r	161g	180b	
55c	10m	20y	0k	112r	185g	198b	
20c	5m	0y	0k	199r	223g	244b	

70c	50m	30y	30k	72r	91g	113b	
35c	10m	10y	30k	123r	151g	163b	
25c	5m	5y	20k	156r	181g	193b	
40c	10m	0y	0k	146r	197g	234b	

70c	50m	30y	30k	72r	91g	113b	
60c	10m	20y	40k	62r	123g	135b	
40c	0m	10y	20k	122r	179g	190b	
35c	0m	20y	0k	164r	218g	210b	

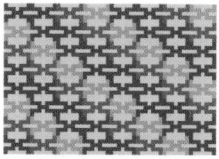

100c	70m	0y	0k	0r	91g	171b	
75c	20m	20y	0k	42r	159g	188b	
55c	10m	20y	0k	112r	185g	198b	
35c	10m	20y	0k	166r	199g	199b	

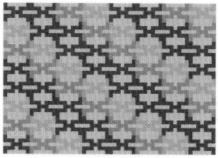

90c	0m	0y	50k	0r	107g	145b	
75c	40m	0y	0k	62r	133g	198b	
40c	20m	0y	0k	149r	181g	223b	
15c	10m	0y	0k	212r	218g	238b	

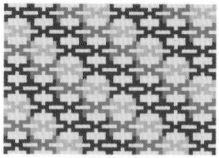

60c	50m	10y	40k	77r	83g	118b	
45c	10m	10y	40k	91r	130g	146b	
60c	30m	10y	30k	80r	116g	147b	
30c	20m	0y	20k	145r	158g	188b	

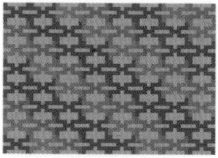

80c	60m	0y	40k	42r	69g	122b	
100c	30m	20y	0k	0r	136g	178b	
65c	0m	0y	30k	24r	148g	184b	
100c	0m	0y	0k	0r	173g	239b	

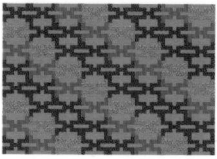

90c	40m	0y	20k	0r	107g	166b	
60c	0m	10y	30k	58r	150g	170b	
40c	0m	10y	20k	122r	179g	190b	
30c	0m	10y	10k	158r	203g	208b	
15c	0m	5y	5k	202r	226g	228b	

70c	30m	20y	40k	51r	100g	122b	
45c	10m	10y	20k	114r	161g	180b	
55c	10m	20y	0k	112r	185g	198b	
35c	10m	10y	10k	149r	183g	197b	
35c	10m	20y	0k	166r	199g	199b	

100c	70m	0y	0k	0r	91g	171b	
100c	0m	0y	0k	0r	173g	239b	
60c	0m	0y	0k	68r	199g	244b	
35c	0m	0y	0k	157r	220g	249b	
15c	0m	0y	0k	212r	239g	252b	

60c	10m	20y	40k	62r	123g	135b	
45c	10m	20y	30k	104r	145g	151b	
75c	40m	0y	0k	62r	133g	198b	
40c	20m	0y	0k	149r	181g	223b	
15c	10m	0y	0k	212r	218g	238b	

40c	30m	10y	40k	104r	111g	132b	
75c	20m	20y	0k	42r	159g	188b	
55c	10m	20y	0k	112r	185g	198b	
35c	10m	20y	0k	166r	199g	199b	
15c	10m	0y	10k	192r	198g	217b	

80c	60m	0y	40k	42r	69g	122b	
60c	40m	0y	20k	91r	117g	167b	
40c	20m	0y	20k	125r	152g	187b	
40c	10m	0y	0k	146r	197g	234b	
20c	5m	0y	0k	199r	223g	244b	

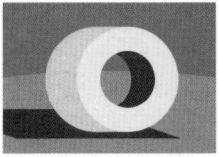

60c	30m	10y	30k	80r	116g	147b	
30c	20m	0y	20k	145r	158g	188b	
90c	0m	40y	0k	0r	175g	173b	
60c	0m	30y	0k	91r	196g	190b	
35c	0m	20y	0k	164r	218g	210b	

90c	0m	0y	50k	0r	107g	145b	
45c	10m	10y	40k	91r	130g	146b	
65c	0m	0y	30k	24r	148g	184b	
35c	10m	10y	30k	123r	151g	163b	
25c	5m	5y	20k	156r	181g	193b	

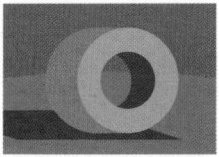

70c	20m	0y	20k	45r	137g	185b	
35c	0m	10y	30k	120r	165g	172b	
35c	10m	0y	10k	146r	183g	214b	
20c	0m	10y	20k	167r	193g	192b	
20c	0m	0y	10k	180r	213g	229b	

40c	30m	10y	40k	104r	111g	132b	
30c	20m	0y	20k	145r	158g	188b	
60c	0m	30y	0k	91r	196g	190b	
35c	0m	20y	0k	164r	218g	210b	
15c	10m	0y	10k	192r	198g	217b	

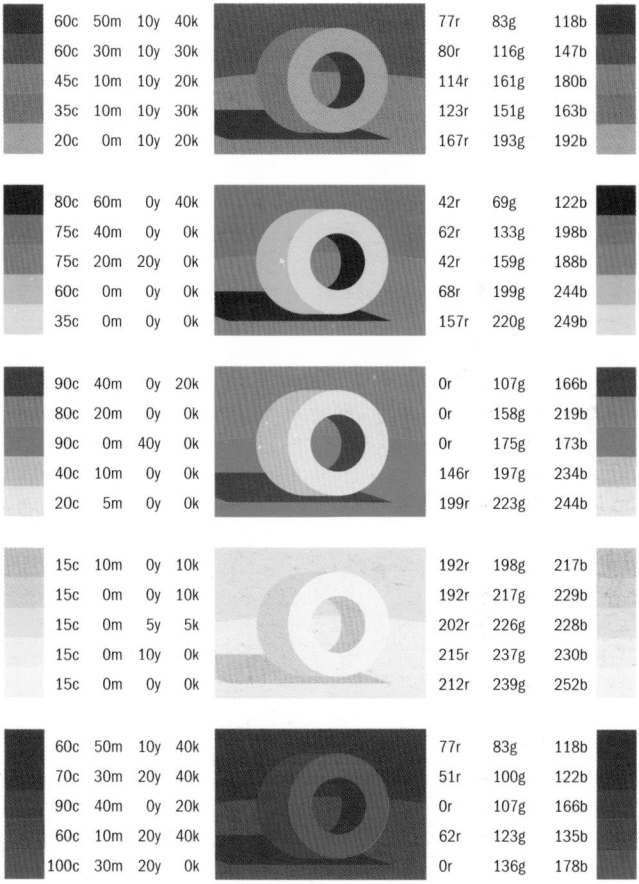

60c	50m	10y	40k	77r	83g	118b
60c	30m	10y	30k	80r	116g	147b
45c	10m	10y	20k	114r	161g	180b
35c	10m	10y	30k	123r	151g	163b
20c	0m	10y	20k	167r	193g	192b

80c	60m	0y	40k	42r	69g	122b
75c	40m	0y	0k	62r	133g	198b
75c	20m	20y	0k	42r	159g	188b
60c	0m	0y	0k	68r	199g	244b
35c	0m	0y	0k	157r	220g	249b

90c	40m	0y	20k	0r	107g	166b
80c	20m	0y	0k	0r	158g	219b
90c	0m	40y	0k	0r	175g	173b
40c	10m	0y	0k	146r	197g	234b
20c	5m	0y	0k	199r	223g	244b

15c	10m	0y	10k	192r	198g	217b
15c	0m	0y	10k	192r	217g	229b
15c	0m	5y	5k	202r	226g	228b
15c	0m	10y	0k	215r	237g	230b
15c	0m	0y	0k	212r	239g	252b

60c	50m	10y	40k	77r	83g	118b
70c	30m	20y	40k	51r	100g	122b
90c	40m	0y	20k	0r	107g	166b
60c	10m	20y	40k	62r	123g	135b
100c	30m	20y	0k	0r	136g	178b

The next ten pages feature palettes of this chapter's blue hues along with analogous and near-analogous colors from the green and violet chapters. Such combinations of neighboring hues tend to impart a more restrained mood than palettes built of colors from opposing segments on the color wheel.

75c	20m	20y	0k		42r	159g	188b	
35c	0m	20y	0k		164r	218g	210b	
20c	15m	80y	0k		211r	198g	87b	

80c	20m	0y	0k		0r	158g	219b	
40c	10m	0y	0k		146r	197g	234b	
15c	0m	60y	0k		222r	231g	135b	

35c	10m	10y	30k		123r	151g	163b	
15c	10m	0y	10k		192r	198g	217b	
35c	0m	50y	0k		171r	214g	155b	

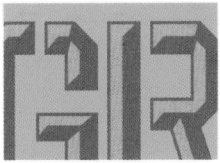

100c	70m	0y	0k		0r	91g	171b	
100c	0m	0y	0k		0r	173g	239b	
100c	0m	80y	0k		0r	167g	109b	

60c	0m	10y	30k		58r	150g	170b	
35c	0m	10y	30k		120r	165g	172b	
65c	0m	40y	0k		76r	191g	173b	
35c	10m	0y	30k		120r	152g	178b	
25c	20m	0y	10k		170r	175g	206b	
10c	10m	40y	10k		208r	197g	151b	
70c	20m	0y	20k		45r	137g	185b	
30c	20m	0y	20k		145r	158g	188b	
15c	0m	70y	20k		184r	191g	96b	
60c	10m	20y	40k		62r	123g	135b	
35c	10m	0y	10k		146r	183g	214b	
40c	5m	50y	40k		104r	135g	102b	
80c	60m	0y	40k		42r	69g	122b	
35c	0m	0y	20k		131r	183g	208b	
45c	0m	30y	20k		115r	173g	160b	

55c	10m	20y	0k	112r	185g	198b	
35c	10m	20y	0k	166r	199g	199b	
30c	30m	0y	0k	175r	171g	213b	

60c	0m	0y	0k	68r	199g	244b	
15c	0m	10y	0k	215r	237g	230b	
10c	20m	0y	0k	223r	204g	228b	

75c	40m	0y	0k	62r	133g	198b	
45c	10m	10y	20k	114r	161g	180b	
15c	40m	0y	0k	210r	163g	203b	

70c	30m	20y	40k	51r	100g	122b	
20c	0m	10y	20k	167r	193g	192b	
30c	50m	0y	20k	148r	115g	160b	

60c	10m	20y	40k	62r	123g	135b	
65c	0m	0y	30k	24r	148g	184b	
30c	90m	0y	0k	179r	63g	151b	

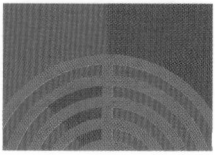

70c	20m	0y	20k	45r	137g	185b	
75c	20m	20y	0k	42r	159g	188b	
5c	45m	0y	0k	231r	159g	198b	

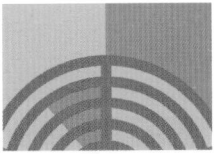

35c	0m	0y	20k	131r	183g	208b	
30c	0m	10y	10k	158r	203g	208b	
30c	30m	10y	20k	149r	143g	164b	

90c	40m	0y	20k	0r	107g	166b	
60c	0m	30y	0k	91r	196g	190b	
35c	40m	0y	20k	139r	127g	169b	

60c	30m	10y	30k	80r	116g	147b	
35c	10m	10y	30k	123r	151g	163b	
10c	30m	10y	20k	185r	153g	165b	

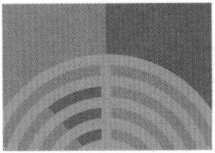

80c	20m	0y	0k	0r	158g	219b	
60c	0m	0y	0k	68r	199g	244b	
25c	70m	20y	40k	128r	69g	98b	

35c	0m	0y	20k	131r	183g	208b	
40c	20m	0y	0k	149r	181g	223b	
35c	0m	20y	0k	164r	218g	210b	
10c	5m	60y	0k	233r	224g	131b	

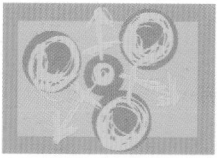

75c	20m	20y	0k	42r	159g	188b	
30c	0m	10y	10k	158r	203g	208b	
35c	0m	0y	0k	157r	220g	249b	
5c	0m	40y	0k	244r	243g	173b	

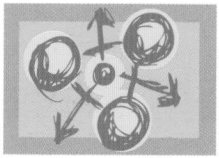

100c	50m	0y	0k	0r	113g	188b	
60c	0m	0y	0k	68r	199g	244b	
15c	0m	0y	0k	212r	239g	252b	
60c	0m	80y	0k	109r	192g	103b	

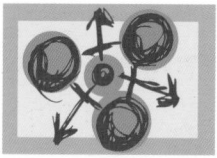

70c	50m	30y	30k	72r	91g	113b	
60c	30m	10y	30k	80r	116g	147b	
35c	10m	0y	30k	120r	152g	178b	
45c	0m	40y	0k	141r	207g	173b	

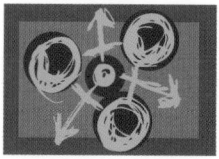

45c	10m	10y	40k	91r	130g	146b	
30c	20m	0y	20k	145r	158g	188b	
35c	0m	10y	30k	120r	165g	172b	
10c	15m	80y	20k	191r	170g	69b	

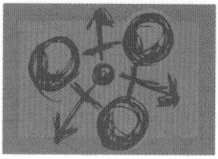

40c	20m	0y	20k	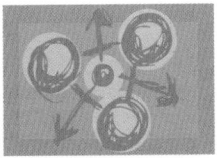	125r	152g	187b	
35c	10m	10y	10k		149r	183g	197b	
20c	0m	0y	10k		180r	213g	229b	
10c	10m	40y	20k		189r	181g	139b	

65c	0m	0y	30k	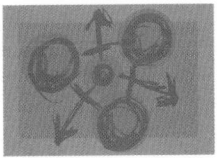	24r	148g	184b	
45c	10m	10y	20k		114r	161g	180b	
25c	10m	0y	20k		155r	175g	198b	
25c	10m	40y	20k		161r	171g	139b	

100c	50m	0y	0k	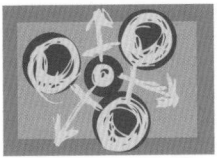	0r	113g	188b	
80c	20m	0y	0k		0r	158g	219b	
35c	10m	0y	10k		146r	183g	214b	
15c	15m	0y	0k		212r	209g	233b	

90c	0m	0y	50k	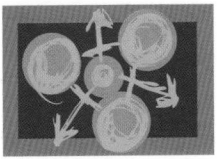	0r	107g	145b	
40c	0m	10y	20k		122r	179g	190b	
30c	0m	10y	10k		158r	203g	208b	
45c	60m	0y	0k		148r	116g	180b	

75c	40m	0y	0k	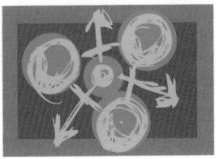	62r	133g	198b	
90c	0m	40y	0k		0r	175g	173b	
60c	0m	0y	0k		68r	199g	244b	
45c	90m	0y	0k		153r	63g	152b	

45c	10m	10y	20k	114r	161g	180b	
20c	0m	10y	20k	167r	193g	192b	
15c	10m	0y	10k	192r	198g	217b	
20c	30m	0y	10k	181r	162g	195b	

90c	40m	0y	20k	0r	107g	166b	
35c	10m	0y	10k	146r	183g	214b	
20c	0m	0y	10k	180r	213g	229b	
20c	50m	0y	20k	166r	119g	160b	

70c	30m	20y	40k	51r	100g	122b	
45c	10m	10y	40k	91r	130g	146b	
100c	30m	20y	0k	0r	136g	178b	
20c	40m	0y	10k	181r	146g	185b	

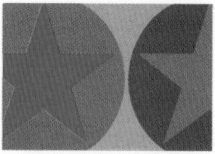

90c	0m	0y	50k	0r	107g	145b	
70c	20m	10y	20k	53r	137g	170b	
40c	20m	0y	20k	125r	152g	187b	
10c	50m	10y	30k	165r	110g	133b	

60c	0m	10y	30k	58r	150g	170b	
45c	10m	20y	30k	104r	145g	151b	
35c	0m	10y	30k	120r	165g	172b	
15c	80m	0y	20k	173r	71g	134b	

40c	10m	0y	0k	146r	197g	234b	
35c	0m	20y	0k	164r	218g	210b	
35c	0m	0y	0k	157r	220g	249b	
20c	5m	0y	0k	199r	223g	244b	
10c	5m	40y	0k	231r	226g	169b	

90c	40m	0y	20k	0r	107g	166b	
100c	30m	20y	0k	0r	136g	178b	
75c	20m	20y	0k	42r	159g	188b	
35c	10m	0y	10k	146r	183g	214b	
35c	0m	100y	0k	179r	210g	52b	

100c	50m	0y	0k	0r	113g	188b	
100c	0m	0y	0k	0r	173g	239b	
60c	0m	0y	0k	68r	199g	244b	
15c	0m	30y	0k	218r	234g	193b	
80c	0m	100y	0k	13r	177g	75b	

100c	70m	0y	0k	0r	91g	171b	
75c	40m	0y	0k	62r	133g	198b	
40c	20m	0y	0k	149r	181g	223b	
35c	0m	50y	0k	171r	214g	155b	
75c	0m	60y	0k	29r	183g	141b	

60c	0m	10y	30k	58r	150g	170b	
25c	20m	0y	10k	170r	175g	206b	
15c	0m	0y	10k	192r	217g	229b	
25c	0m	80y	0k	200r	220g	93b	
40c	0m	30y	0k	153r	212g	191b	

70c	20m	10y	20k	53r	137g	170b	
45c	10m	10y	20k	114r	161g	180b	
60c	0m	0y	0k	68r	199g	244b	
35c	0m	0y	0k	157r	220g	249b	
20c	30m	0y	0k	199r	178g	214b	

60c	50m	10y	40k	77r	83g	118b	
60c	40m	0y	20k	91r	117g	167b	
35c	10m	0y	30k	120r	152g	178b	
40c	0m	10y	20k	122r	179g	190b	
20c	70m	0y	0k	199r	108g	171b	

90c	0m	40y	0k	0r	175g	173b	
60c	0m	30y	0k	91r	196g	190b	
35c	0m	20y	0k	164r	218g	210b	
15c	0m	10y	0k	215r	237g	230b	
50c	50m	0y	0k	135r	129g	189b	

70c	50m	30y	30k	72r	91g	113b	
60c	30m	10y	30k	80r	116g	147b	
35c	10m	0y	30k	120r	152g	178b	
25c	30m	80y	30k	146r	127g	62b	
10c	10m	60y	10k	209r	195g	118b	

70c	30m	20y	40k	51r	100g	122b	
45c	10m	10y	40k	91r	130g	146b	
80c	20m	0y	0k	0r	158g	219b	
35c	20m	60y	30k	129r	136g	95b	
25c	0m	50y	20k	161r	185g	130b	

45c	10m	10y	20k	114r	161g	180b	
20c	0m	10y	20k	167r	193g	192b	
15c	0m	5y	5k	202r	226g	228b	
10c	50m	10y	30k	165r	110g	133b	
35c	40m	0y	20k	139r	127g	169b	

60c	30m	10y	30k	80r	116g	147b	
35c	10m	0y	30k	120r	152g	178b	
55c	10m	20y	0k	112r	185g	198b	
10c	45m	10y	40k	148r	104g	123b	
5c	50m	10y	20k	192r	124g	148b	

60c	50m	10y	40k	77r	83g	118b	
100c	50m	0y	0k	0r	113g	188b	
60c	0m	10y	30k	58r	150g	170b	
5c	60m	0y	10k	208r	119g	166b	
35c	30m	0y	10k	150r	154g	194b	

90c	0m	0y	50k	0r	107g	145b	
45c	10m	10y	20k	114r	161g	180b	
30c	0m	10y	10k	158r	203g	208b	
15c	20m	0y	10k	192r	182g	207b	
5c	30m	0y	10k	211r	171g	197b	

70c	30m	20y	40k	51r	100g	122b	
45c	10m	10y	40k	91r	130g	146b	
65c	0m	0y	30k	24r	148g	184b	
5c	40m	10y	20k	193r	140g	157b	
25c	40m	0y	10k	171r	143g	185b	

In this section, the chapter's blue hues are joined by complements and near-complements from the red, orange and yellow chapters. Palettes of opposing hues such as these tend to be more visually active than monochromatic combinations or those made of hues from neighboring positions on the color wheel.

60c	30m	10y	30k	80r	116g	147b	
35c	0m	0y	0k	157r	220g	249b	
0c	65m	20y	0k	242r	124g	150b	

70c	30m	20y	40k	51r	100g	122b	
45c	10m	20y	30k	104r	145g	151b	
0c	90m	60y	0k	239r	65g	86b	

30c	20m	0y	20k	145r	158g	188b	
40c	0m	10y	20k	122r	179g	190b	
0c	45m	30y	0k	247r	161g	154b	

80c	60m	0y	40k	42r	69g	122b	
40c	20m	0y	0k	149r	181g	223b	
0c	90m	100y	0k	239r	65g	35b	

60c	30m	10y	30k		80r	116g	147b	
40c	10m	0y	0k		146r	197g	234b	
0c	60m	60y	0k		245r	132g	102b	
35c	0m	20y	0k		164r	218g	210b	
15c	0m	10y	0k		215r	237g	230b	
0c	55m	70y	0k		246r	140g	89b	
90c	40m	0y	20k	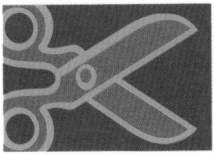	0r	107g	166b	
70c	20m	10y	20k		53r	137g	170b	
0c	55m	90y	0k		246r	139g	51b	
55c	10m	20y	0k	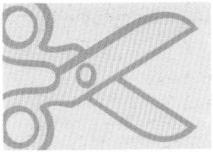	112r	185g	198b	
20c	5m	0y	0k		199r	223g	244b	
0c	15m	30y	0k		254r	219g	180b	
75c	40m	0y	0k		62r	133g	198b	
100c	0m	0y	0k		0r	173g	239b	
0c	25m	70y	0k		254r	196g	101b	

65c	0m	0y	30k		24r	148g	184b	
35c	10m	0y	10k		146r	183g	214b	
0c	15m	70y	0k		255r	215g	105b	

45c	10m	10y	20k		114r	161g	180b	
25c	5m	5y	5k		178r	206g	220b	
0c	0m	50y	0k		255r	247g	153b	

35c	10m	0y	30k		120r	152g	178b	
25c	5m	5y	20k		156r	181g	193b	
20c	80m	40y	20k		167r	72g	96b	

40c	30m	10y	40k		104r	111g	132b	
60c	10m	20y	40k		62r	123g	135b	
10c	65m	40y	0k		221r	119g	125b	

60c	40m	0y	20k		91r	117g	167b	
30c	0m	10y	10k		158r	203g	208b	
0c	65m	60y	10k		220r	111g	90b	

90c	0m	0y	50k		0r	107g	145b	
60c	0m	10y	30k		58r	150g	170b	
0c	40m	50y	10k		225r	153g	116b	

35c	0m	20y	0k		164r	218g	210b	
15c	0m	0y	0k		212r	239g	252b	
20c	55m	70y	0k		205r	132g	92b	

100c	30m	20y	0k		0r	136g	178b	
90c	0m	40y	0k		0r	175g	173b	
0c	50m	100y	0k		247r	147g	29b	

100c	70m	0y	0k		0r	91g	171b	
70c	20m	0y	20k		45r	137g	185b	
5c	20m	50y	0k		240r	202g	140b	

60c	30m	10y	30k		80r	116g	147b	
35c	10m	10y	30k		123r	151g	163b	
0c	25m	80y	20k		209r	161g	64b	

80c	60m	0y	40k	42r	69g	122b	
60c	40m	0y	20k	91r	117g	167b	
40c	10m	0y	0k	146r	197g	234b	
0c	100m	0y	0k	236r	0g	140b	

70c	50m	30y	30k	72r	91g	113b	
35c	0m	10y	30k	120r	165g	172b	
35c	0m	0y	20k	131r	183g	208b	
0c	60m	30y	0k	244r	133g	141b	

45c	10m	20y	30k	104r	145g	151b	
35c	0m	10y	30k	120r	165g	172b	
20c	0m	10y	20k	167r	193g	192b	
0c	65m	60y	0k	244r	122g	99b	

40c	20m	0y	0k	149r	181g	223b	
15c	0m	10y	0k	215r	237g	230b	
15c	0m	0y	0k	212r	239g	252b	
0c	20m	10y	0k	251r	212g	209b	

70c	30m	20y	40k	51r	100g	122b	
55c	10m	20y	0k	112r	185g	198b	
25c	5m	5y	20k	156r	181g	193b	
0c	100m	80y	0k	237r	26g	58b	

35c	10m	10y	10k	149r	183g	197b	
15c	10m	0y	10k	192r	198g	217b	
15c	0m	0y	10k	192r	217g	229b	
0c	20m	20y	0k	252r	210g	193b	

45c	10m	10y	20k	114r	161g	180b	
40c	0m	10y	20k	122r	179g	190b	
35c	10m	0y	10k	146r	183g	214b	
0c	40m	30y	0k	248r	170g	158b	

60c	50m	10y	40k	77r	83g	118b	
90c	0m	0y	50k	0r	107g	145b	
65c	0m	0y	30k	24r	148g	184b	
0c	65m	90y	0k	244r	121g	50b	

60c	10m	20y	40k	62r	123g	135b	
35c	10m	10y	30k	123r	151g	163b	
30c	0m	10y	10k	158r	203g	208b	
0c	35m	50y	0k	250r	179g	131b	

80c	20m	0y	0k	0r	158g	219b	
35c	0m	0y	0k	157r	220g	249b	
15c	0m	0y	0k	212r	239g	252b	
0c	50m	100y	0k	247r	147g	29b	

100c	30m	20y	0k	0r	136g	178b	
75c	20m	20y	0k	42r	159g	188b	
55c	10m	20y	0k	112r	185g	198b	
0c	15m	50y	0k	255r	217g	143b	

80c	60m	0y	40k	42r	69g	122b	
80c	20m	0y	0k	0r	158g	219b	
90c	0m	40y	0k	0r	175g	173b	
0c	25m	90y	0k	254r	194g	51b	

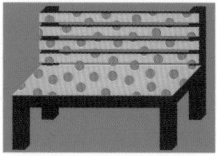

25c	10m	0y	20k	155r	175g	198b	
20c	0m	0y	10k	180r	213g	229b	
15c	0m	0y	10k	192r	217g	229b	
0c	5m	75y	0k	255r	232g	94b	

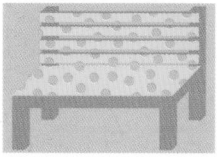

35c	0m	10y	30k	120r	165g	172b	
20c	0m	10y	20k	167r	193g	192b	
35c	0m	20y	0k	164r	218g	210b	
20c	100m	50y	30k	149r	15g	67b	

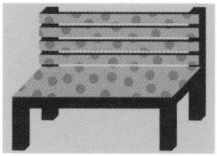

60c	30m	10y	30k	80r	116g	147b	
25c	5m	5y	20k	156r	181g	193b	
35c	10m	20y	0k	166r	199g	199b	
10c	55m	30y	0k	222r	137g	146b	

60c	0m	0y	0k	68r	199g	244b	
35c	0m	0y	0k	157r	220g	249b	
15c	0m	0y	0k	212r	239g	252b	
0c	90m	100y	20k	197r	53g	27b	

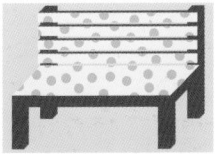

45c	10m	10y	40k	91r	130g	146b	
20c	0m	10y	20k	167r	193g	192b	
15c	0m	5y	5k	202r	226g	228b	
10c	50m	80y	0k	225r	143g	75b	

100c	70m	0y	0k	0r	91g	171b	
75c	40m	0y	0k	62r	133g	198b	
75c	20m	20y	0k	42r	159g	188b	
0c	30m	70y	10k	228r	169g	90b	

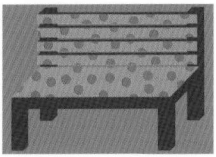

60c	0m	10y	30k	58r	150g	170b	
35c	10m	10y	10k	149r	183g	197b	
25c	5m	5y	5k	178r	206g	220b	
10c	30m	100y	0k	230r	177g	34b	

40c	30m	10y	40k	104r	111g	132b	
35c	10m	0y	30k	120r	152g	178b	
35c	0m	0y	20k	131r	183g	208b	
0c	10m	60y	10k	233r	203g	116b	

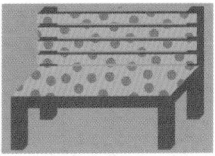

100c	30m	20y	0k	0r	136g	178b	
75c	20m	20y	0k	42r	159g	188b	
55c	10m	20y	0k	112r	185g	198b	
35c	10m	20y	0k	166r	199g	199b	
0c	30m	10y	0k	249r	191g	198b	

20c	0m	10y	20k	167r	193g	192b	
30c	0m	10y	10k	158r	203g	208b	
15c	0m	5y	5k	202r	226g	228b	
15c	0m	10y	0k	215r	237g	230b	
0c	100m	80y	0k	237r	26g	58b	

70c	30m	20y	40k	51r	100g	122b	
70c	20m	10y	20k	53r	137g	170b	
45c	10m	10y	20k	114r	161g	180b	
35c	10m	10y	10k	149r	183g	197b	
0c	35m	50y	0k	250r	179g	131b	

60c	50m	10y	40k	77r	83g	118b	
70c	30m	20y	40k	51r	100g	122b	
60c	10m	20y	40k	62r	123g	135b	
45c	10m	20y	30k	104r	145g	151b	
0c	50m	100y	0k	247r	147g	29b	

100c	70m	0y	0k	0r	91g	171b	
90c	0m	40y	0k	0r	175g	173b	
40c	20m	0y	0k	149r	181g	223b	
35c	0m	20y	0k	164r	218g	210b	
0c	10m	80y	0k	255r	222g	79b	

100c	50m	0y	0k	0r	113g	188b	
100c	0m	0y	0k	0r	173g	239b	
60c	0m	0y	0k	68r	199g	244b	
35c	0m	0y	0k	157r	220g	249b	
0c	5m	50y	0k	255r	235g	149b	

80c	60m	0y	40k	42r	69g	122b	
100c	50m	0y	0k	0r	113g	188b	
65c	0m	0y	30k	24r	148g	184b	
0c	55m	0y	0k	243r	145g	188b	
0c	45m	10y	0k	246r	162g	182b	

35c	10m	10y	30k	123r	151g	163b	
25c	5m	5y	20k	156r	181g	193b	
15c	0m	0y	10k	192r	217g	229b	
0c	45m	30y	0k	247r	161g	154b	
0c	20m	20y	0k	252r	210g	193b	

65c	0m	0y	30k	24r	148g	184b	
45c	10m	20y	30k	104r	145g	151b	
20c	0m	10y	20k	167r	193g	192b	
0c	65m	40y	0k	243r	123g	125b	
0c	45m	40y	0k	247r	160g	139b	

70c	50m	30y	30k	72r	91g	113b	
60c	30m	10y	30k	80r	116g	147b	
55c	10m	20y	0k	112r	185g	198b	
20c	100m	50y	0k	200r	33g	93b	
0c	100m	20y	0k	237r	6g	119b	

70c	20m	10y	20k	53r	137g	170b	
35c	10m	10y	10k	149r	183g	197b	
25c	5m	5y	5k	178r	206g	220b	
20c	55m	30y	0k	203r	133g	146b	
10c	35m	20y	10k	203r	158g	162b	

35c	10m	0y	10k	146r	183g	214b	
20c	0m	0y	10k	180r	213g	229b	
20c	5m	0y	0k	199r	223g	244b	
10c	80m	100y	40k	146r	56g	17b	
0c	65m	50y	10k	220r	111g	101b	

100c	30m	20y	0k	0r	136g	178b	
30c	20m	0y	20k	145r	158g	188b	
15c	10m	0y	10k	192r	198g	217b	
0c	40m	30y	0k	248r	170g	158b	
0c	20m	30y	0k	253r	209g	175b	

90c	40m	0y	20k	0r	107g	166b	
35c	0m	10y	30k	120r	165g	172b	
20c	0m	10y	20k	167r	193g	192b	
0c	45m	50y	0k	248r	159g	124b	
0c	25m	50y	0k	253r	197g	137b	

60c	50m	10y	40k	77r	83g	118b	
60c	0m	0y	0k	68r	199g	244b	
35c	0m	0y	0k	157r	220g	249b	
0c	80m	100y	0k	241r	90g	34b	
0c	50m	100y	0k	247r	147g	29b	

60c	10m	20y	40k	62r	123g	135b	
40c	20m	0y	0k	149r	181g	223b	
40c	10m	0y	0k	146r	197g	234b	
0c	60m	60y	0k	245r	132g	102b	
0c	25m	70y	0k	254r	196g	101b	

90c	0m	0y	50k	0r	107g	145b	
55c	10m	20y	0k	112r	185g	198b	
25c	20m	0y	10k	170r	175g	206b	
10c	50m	80y	0k	225r	143g	75b	
0c	30m	70y	10k	228r	169g	90b	

40c	20m	0y	20k	125r	152g	187b	
30c	0m	10y	10k	158r	203g	208b	
15c	0m	5y	5k	202r	226g	228b	
0c	0m	50y	0k	255r	247g	153b	
0c	0m	25y	0k	255r	251g	203b	

100c	50m	0y	0k	0r	113g	188b	
80c	20m	0y	0k	0r	158g	219b	
20c	5m	0y	0k	199r	223g	244b	
0c	15m	70y	0k	255r	215g	105b	
0c	5m	30y	0k	255r	238g	188b	

45c	10m	10y	40k	91r	130g	146b	
25c	5m	5y	20k	156r	181g	193b	
35c	0m	20y	0k	164r	218g	210b	
0c	25m	90y	0k	254r	194g	51b	
0c	5m	100y	0k	255r	230g	0b	

In the following samples, this chapter's blue hues are added to palettes dominated by a broad range of neutral colors. Some of the neutrals are brown or skin tones; others are grays that contain suggestions of a particular hue. Simple grays (tints of black) are featured in the section that follows.

15c	0m	10y	0k		215r	237g	230b	
10c	55m	70y	30k		166r	101g	66b	
0c	35m	70y	20k		207r	147g	81b	

75c	20m	20y	0k		42r	159g	188b	
25c	60m	80y	40k		129r	80g	46b	
5c	20m	30y	10k		216r	186g	160b	

35c	0m	0y	0k		157r	220g	249b	
10c	40m	60y	30k		167r	121g	84b	
0c	10m	20y	10k		230r	208g	185b	

15c	10m	0y	0k		212r	218g	238b	
0c	10m	40y	20k		211r	188g	139b	
5c	10m	30y	10k		218r	202g	168b	

30c	0m	10y	10k		158r	203g	208b	
0c	10m	40y	40k		168r	151g	112b	
0c	10m	40y	10k		231r	206g	151b	
35c	0m	10y	30k		120r	165g	172b	
15c	40m	100y	30k		161r	118g	25b	
5c	10m	30y	10k		218r	202g	168b	
70c	20m	10y	20k		53r	137g	170b	
0c	25m	30y	50k		146r	117g	101b	
0c	35m	70y	20k		207r	147g	81b	
90c	0m	0y	50k		0r	107g	145b	
0c	5m	20y	20k		211r	198g	173b	
5c	10m	30y	0k		241r	223g	183b	
60c	40m	0y	20k		91r	117g	167b	
0c	15m	20y	70k		109r	95g	87b	
0c	25m	50y	20k		208r	164g	115b	

70c	20m	0y	20k	45r	137g	185b
0c	10m	20y	50k	147r	134g	120b
0c	10m	30y	30k	189r	170g	139b

35c	0m	20y	0k	164r	218g	210b
0c	5m	20y	60k	129r	122g	107b
0c	10m	40y	40k	168r	151g	112b

55c	10m	20y	0k	112r	185g	198b
0c	15m	20y	60k	128r	112g	102b
25c	40m	50y	20k	161r	129g	107b

100c	0m	0y	0k	0r	173g	239b
40c	60m	80y	30k	123r	87g	56b
15c	40m	100y	30k	161r	118g	25b

100c	50m	0y	0k	0r	113g	188b
10c	15m	0y	50k	130r	126g	139b
10c	5m	0y	40k	148r	155g	166b

35c	10m	20y	0k	166r	199g	199b	
25c	60m	80y	40k	129r	80g	46b	
10c	40m	60y	30k	167r	121g	84b	
0c	10m	20y	10k	230r	208g	185b	

35c	10m	10y	10k	149r	183g	197b	
0c	30m	30y	70k	108r	81g	71b	
0c	30m	40y	50k	146r	110g	88b	
30c	70m	100y	0k	186r	104g	49b	

15c	0m	0y	0k	212r	239g	252b	
0c	15m	20y	50k	147r	129g	118b	
0c	25m	40y	30k	187r	148g	117b	
5c	20m	30y	10k	216r	186g	160b	

40c	10m	0y	0k	146r	197g	234b	
0c	10m	40y	60k	129r	115g	84b	
0c	10m	40y	40k	168r	151g	112b	
0c	10m	40y	10k	231r	206g	151b	

40c	20m	0y	0k	149r	181g	223b	
10c	5m	0y	70k	97r	101g	109b	
0c	10m	20y	60k	129r	117g	105b	
0c	10m	30y	40k	168r	152g	124b	

60c	0m	30y	0k	91r	196g	190b	
0c	15m	20y	70k	109r	95g	87b	
10c	20m	50y	20k	189r	165g	118b	
5c	10m	30y	10k	218r	202g	168b	

35c	0m	0y	20k	131r	183g	208b	
0c	20m	30y	20k	208r	174g	147b	
5c	20m	30y	10k	216r	186g	160b	
0c	10m	20y	10k	230r	208g	185b	

90c	40m	0y	20k	0r	107g	166b	
0c	10m	30y	50k	148r	133g	109b	
0c	10m	40y	30k	189r	169g	125b	
0c	15m	20y	20k	209r	183g	166b	

40c	20m	0y	20k	125r	152g	187b	
0c	10m	40y	70k	110r	98g	70b	
0c	30m	50y	30k	186r	140g	100b	
10c	20m	50y	20k	189r	165g	118b	

60c	50m	10y	40k	77r	83g	118b	
10c	65m	100y	40k	147r	77g	17b	
0c	60m	100y	40k	161r	85g	11b	
0c	45m	90y	20k	205r	130g	42b	

90c	0m	40y	0k	0r	175g	173b	
0c	10m	30y	30k	189r	170g	139b	
0c	5m	20y	20k	211r	198g	173b	
0c	10m	40y	10k	231r	206g	151b	

100c	30m	20y	0k	0r	136g	178b	
40c	60m	80y	30k	123r	87g	56b	
25c	60m	80y	30k	145r	90g	54b	
15c	40m	50y	20k	178r	133g	107b	

45c	10m	10y	20k	114r	161g	180b	
20c	40m	50y	0k	205r	157g	129b	
0c	40m	50y	10k	225r	153g	116b	
0c	20m	50y	10k	230r	188g	128b	

60c	0m	0y	0k	68r	199g	244b	
0c	15m	20y	60k	128r	112g	102b	
10c	10m	0y	60k	114r	114g	125b	
0c	10m	20y	50k	147r	134g	120b	

75c	40m	0y	0k	62r	133g	198b	
10c	10m	0y	30k	166r	166g	181b	
10c	15m	0y	20k	185r	177g	195b	
10c	5m	0y	20k	185r	192g	205b	

35c	0m	20y	0k	164r	218g	210b	
15c	0m	10y	0k	215r	237g	230b	
5c	30m	40y	20k	196r	154g	126b	
5c	20m	30y	10k	216r	186g	160b	
0c	10m	20y	10k	230r	208g	185b	

75c	20m	20y	0k	42r	159g	188b	
30c	0m	10y	10k	158r	203g	208b	
25c	60m	100y	40k	129r	80g	23b	
10c	20m	50y	20k	189r	165g	118b	
5c	10m	30y	10k	218r	202g	168b	

55c	10m	20y	0k	112r	185g	198b	
15c	0m	10y	0k	215r	237g	230b	
0c	10m	20y	40k	168r	153g	137b	
0c	5m	20y	30k	189r	178g	157b	
0c	10m	40y	20k	211r	188g	139b	

100c	30m	20y	0k	0r	136g	178b	
55c	10m	20y	0k	112r	185g	198b	
25c	60m	80y	40k	129r	80g	46b	
0c	30m	50y	20k	207r	156g	112b	
5c	20m	30y	10k	216r	186g	160b	

100c	50m	0y	0k	0r	113g	188b	
100c	0m	0y	0k	0r	173g	239b	
40c	60m	80y	30k	123r	87g	56b	
0c	15m	20y	50k	147r	129g	118b	
0c	15m	20y	30k	188r	165g	150b	

75c	40m	0y	0k		62r	133g	198b
60c	0m	0y	0k		68r	199g	244b
0c	30m	50y	40k		166r	125g	89b
0c	30m	30y	50k		146r	111g	99b
0c	15m	20y	50k		147r	129g	118b

75c	40m	0y	0k		62r	133g	198b
80c	20m	0y	0k		0r	158g	219b
0c	10m	40y	70k		110r	98g	70b
0c	10m	40y	50k		148r	132g	98b
0c	10m	40y	30k		189r	169g	125b

60c	40m	0y	20k		91r	117g	167b
70c	20m	0y	20k		45r	137g	185b
0c	10m	30y	70k		109r	98g	80b
0c	10m	30y	40k		168r	152g	124b
0c	10m	30y	20k		210r	189g	154b

45c	10m	10y	40k		91r	130g	146b
70c	20m	10y	20k		53r	137g	170b
0c	10m	20y	60k		129r	117g	105b
0c	25m	30y	50k		146r	117g	101b
10c	20m	20y	0k		226r	202g	192b

90c	0m	0y	50k		0r	107g	145b
60c	10m	20y	40k		62r	123g	135b
10c	15m	0y	40k		148r	143g	158b
10c	5m	0y	40k		148r	155g	166b
0c	5m	20y	30k		189r	178g	157b

In this final section of chapter 1, the blue hues are combined with black and tints of black. Consider ideas such as these when seeking ideas for jobs that are limited to black plus one other color of ink. Explore palette solutions where black inks are given prominence, as well as those where the color is allowed to dominate the scheme.

35c	0m	20y	0k	164r	218g	210b	
0c	0m	0y	100k	0r	0g	0b	
0c	0m	0y	60k	130r	130g	130b	

40c	0m	10y	20k	122r	179g	190b	
0c	0m	0y	100k	0r	0g	0b	
0c	0m	0y	40k	169r	169g	169b	

60c	0m	0y	0k	68r	199g	244b	
0c	0m	0y	100k	0r	0g	0b	
0c	0m	0y	70k	111r	111g	111b	

40c	10m	0y	0k	146r	197g	234b	
0c	0m	0y	100k	0r	0g	0b	
0c	0m	0y	10k	231r	231g	231b	

40c	20m	0y	0k		149r	181g	223b	
0c	0m	0y	100k		0r	0g	0b	
0c	0m	0y	60k		130r	130g	130b	
100c	70m	0y	0k		0r	91g	171b	
0c	0m	0y	100k		0r	0g	0b	
0c	0m	0y	30k		189r	189g	189b	
40c	20m	0y	20k		125r	152g	187b	
0c	0m	0y	100k		0r	0g	0b	
0c	0m	0y	20k		211r	211g	211b	
60c	10m	20y	40k		62r	123g	135b	
0c	0m	0y	100k		0r	0g	0b	
0c	0m	0y	40k		169r	169g	169b	
45c	10m	10y	20k		114r	161g	180b	
0c	0m	0y	100k		0r	0g	0b	
0c	0m	0y	80k		89r	89g	89b	

35c	0m	0y	20k	131r	183g	208b	
0c	0m	0y	100k	0r	0g	0b	
0c	0m	0y	30k	189r	189g	189b	

100c	0m	0y	0k	0r	173g	239b	
0c	0m	0y	100k	0r	0g	0b	
0c	0m	0y	20k	211r	211g	211b	

70c	20m	0y	20k	45r	137g	185b	
0c	0m	0y	100k	0r	0g	0b	
0c	0m	0y	60k	130r	130g	130b	

35c	10m	0y	30k	120r	152g	178b	
0c	0m	0y	100k	0r	0g	0b	
0c	0m	0y	70k	111r	111g	111b	

60c	40m	0y	20k	91r	117g	167b	
0c	0m	0y	100k	0r	0g	0b	
0c	0m	0y	40k	169r	169g	169b	

90c	0m	40y	0k	0r	175g	173b	
0c	0m	0y	100k	0r	0g	0b	
0c	0m	0y	60k	130r	130g	130b	
0c	0m	0y	30k	189r	189g	189b	

35c	0m	20y	0k	164r	218g	210b	
0c	0m	0y	100k	0r	0g	0b	
0c	0m	0y	80k	89r	89g	89b	
0c	0m	0y	50k	149r	149g	149b	

75c	20m	20y	0k	42r	159g	188b	
0c	0m	0y	100k	0r	0g	0b	
0c	0m	0y	70k	111r	111g	111b	
0c	0m	0y	20k	211r	211g	211b	

45c	10m	10y	20k	114r	161g	180b	
0c	0m	0y	100k	0r	0g	0b	
0c	0m	0y	30k	189r	189g	189b	
0c	0m	0y	10k	231r	231g	231b	

65c	0m	0y	30k	24r	148g	184b	
0c	0m	0y	100k	0r	0g	0b	
0c	0m	0y	60k	130r	130g	130b	
0c	0m	0y	30k	189r	189g	189b	

40c	0m	10y	20k	122r	179g	190b	
0c	0m	0y	100k	0r	0g	0b	
0c	0m	0y	60k	130r	130g	130b	
0c	0m	0y	20k	211r	211g	211b	

45c	10m	20y	30k	104r	145g	151b	
0c	0m	0y	100k	0r	0g	0b	
0c	0m	0y	80k	89r	89g	89b	
0c	0m	0y	50k	149r	149g	149b	

20c	0m	0y	10k	180r	213g	229b	
0c	0m	0y	100k	0r	0g	0b	
0c	0m	0y	80k	89r	89g	89b	
0c	0m	0y	30k	189r	189g	189b	

15c	10m	0y	0k	212r	218g	238b	
0c	0m	0y	100k	0r	0g	0b	
0c	0m	0y	60k	130r	130g	130b	
0c	0m	0m	10k	231r	231g	231b	

25c	20m	0y	10k	170r	175g	206b	
0c	0m	0y	100k	0r	0g	0b	
0c	0m	0y	70k	111r	111g	111b	
0c	0m	0y	50k	149r	149g	149b	

60c	0m	30y	0k	91r	196g	190b	
0c	0m	0y	100k	0r	0g	0b	
0c	0m	0y	40k	169r	169g	169b	
0c	0m	0y	10k	231r	231g	231b	

100c	30m	20y	0k	0r	136g	178b	
0c	0m	0y	100k	0r	0g	0b	
0c	0m	0y	80k	89r	89g	89b	
0c	0m	0y	20k	211r	211g	211b	

45c	10m	10y	20k	114r	161g	180b	
0c	0m	0y	100k	0r	0g	0b	
0c	0m	0y	70k	111r	111g	111b	
0c	0m	0y	40k	169r	169g	169b	

70c	20m	0y	20k	45r	137g	185b	
0c	0m	0y	100k	0r	0g	0b	
0c	0m	0y	50k	149r	149g	149b	
0c	0m	0y	30k	189r	189g	189b	

100c	70m	0y	0k	0r	91g	171b	
0c	0m	0y	100k	0r	0g	0b	
0c	0m	0y	60k	130r	130g	130b	
0c	0m	0y	10k	231r	231g	231b	

60c	0m	30y	0k		91r	196g	190b	
35c	0m	20y	0k		164r	218g	210b	
0c	0m	0y	100k		0r	0g	0b	
0c	0m	0y	50k		149r	149g	149b	
0c	0m	0y	30k		189r	189g	189b	

100c	0m	0y	0k		0r	173g	239b	
25c	5m	0y	0k		199r	223g	244b	
0c	0m	0y	100k		0r	0g	0b	
0c	0m	0y	80k		89r	89g	89b	
0c	0m	0y	60k		130r	130g	130b	

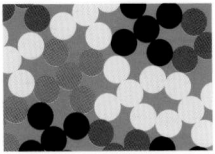

75c	20m	20y	0k		42r	159g	188b	
60c	0m	0y	0k		68r	199g	244b	
0c	0m	0y	100k		0r	0g	0b	
0c	0m	0y	70k		111r	111g	111b	
0c	0m	0y	20k		211r	211g	211b	

75c	40m	0y	0k		62r	133g	198b	
80c	20m	0y	0k		0r	158g	219b	
0c	0m	0y	100k		0r	0g	0b	
0c	0m	0y	40k		169r	169g	169b	
0c	0m	0y	10k		231r	231g	231b	

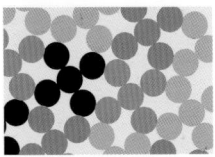

90c	40m	0y	20k		0r	107g	166b	
65c	0m	0y	30k		24r	148g	184b	
0c	0m	0y	100k		0r	0g	0b	
0c	0m	0y	80k		89r	89g	89b	
0c	0m	0y	50k		149r	149g	149b	

35c	0m	10y	30k	120r	165g	172b	
30c	0m	10y	10k	158r	203g	208b	
0c	0m	0y	100k	0r	0g	0b	
0c	0m	0y	70k	111r	111g	111b	
0c	0m	0y	20k	211r	211g	211b	

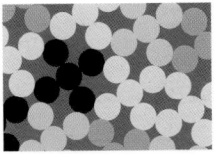

35c	10m	0y	30k	120r	152g	178b	
35c	10m	10y	10k	149r	183g	197b	
0c	0m	0y	100k	0r	0g	0b	
0c	0m	0y	30k	189r	189g	189b	
0c	0m	0y	10k	231r	231g	231b	

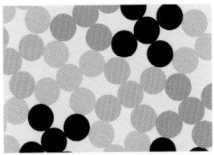

100c	30m	20y	0k	0r	136g	178b	
100c	0m	0y	0k	0r	173g	239b	
0c	0m	0y	100k	0r	0g	0b	
0c	0m	0y	80k	89r	89g	89b	
0c	0m	0y	40k	169r	169g	169b	

90c	40m	0y	20k	0r	107g	166b	
90c	0m	40y	0k	0r	175g	173b	
0c	0m	0y	100k	0r	0g	0b	
0c	0m	0y	50k	149r	149g	149b	
0c	0m	0y	30k	189r	189g	189b	

80c	60m	0y	40k	42r	69g	122b	
40c	20m	0y	20k	125r	152g	187b	
0c	0m	0y	100k	0r	0g	0b	
0c	0m	0y	70k	111r	111g	111b	
0c	0m	0y	30k	189r	189g	189b	

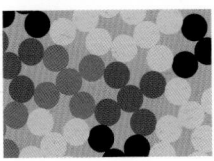

2: VIOLET

Hues ranging from blue-violet to violet-red;
saturations from intense to muted;
values from light to dark.

CHAPTER CONTENTS:

76-77
Expansion Palettes*

78-85
Combinations of Violet Hues

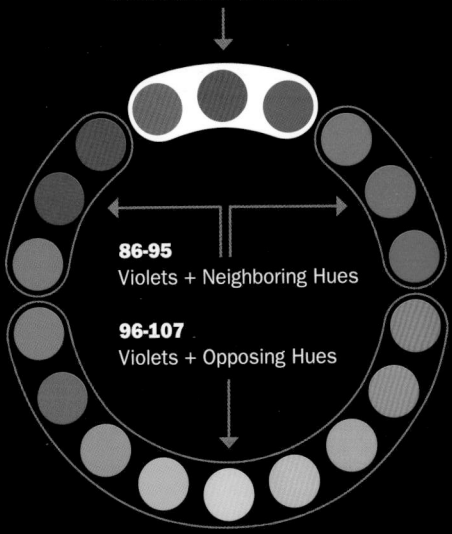

108-115
Violets + Neutral Hues

116-123
Violets + Black and Tints of Black

* *See pages 12-14 for more information about expansion palettes.*

CMYK PERCENTAGES:				RGB VALUES:		
75c	70m	0y	0k	88r	95g	170b
50c	50m	0y	0k	135r	129g	189b
30c	30m	0y	0k	175r	171g	213b
15c	15m	0y	0k	212r	209g	233b
80c	80m	0y	30k	61r	56g	122b
45c	40m	0y	20k	120r	123g	168b
35c	30m	0y	10k	150r	154g	194b
15c	20m	0y	10k	192r	182g	207b
60c	60m	10y	40k	80r	73g	113b
30c	40m	10y	40k	120r	104g	126b
30c	30m	10y	20k	149r	143g	164b
20c	20m	0y	20k	166r	164g	189b
65c	90m	0y	0k	117r	64g	152b
45c	60m	0y	0k	148r	116g	180b
20c	30m	0y	0k	199r	178g	214b
10c	20m	0y	0k	223r	204g	228b
55c	60m	0y	30k	97r	84g	137b
35c	40m	0y	20k	139r	127g	169b
25c	40m	0y	10k	171r	143g	185b
20c	30m	0y	10k	181r	162g	195b
45c	90m	0y	0k	153r	63g	152b
30c	60m	0y	0k	178r	122g	180b
15c	40m	0y	0k	210r	163g	203b
5c	20m	0y	0k	235r	208g	228b
45c	80m	0y	30k	115r	59g	122b
30c	50m	0y	20k	148r	115g	160b
20c	40m	0y	10k	181r	146g	185b
10c	30m	0y	10k	201r	168g	196b

CMYK PERCENTAGES:

RGB VALUES:

50c	80m	20y	40k	97r	51g	93b
10c	45m	10y	40k	148r	104g	123b
10c	30m	10y	20k	185r	153g	165b
5c	20m	0y	20k	194r	173g	191b
30c	90m	0y	0k	179r	63g	151b
20c	70m	0y	0k	199r	108g	171b
10c	50m	0y	0k	219r	147g	192b
5c	30m	0y	0k	233r	188g	216b
30c	90m	0y	30k	136r	41g	114b
20c	50m	0y	20k	166r	119g	160b
15c	50m	0y	10k	190r	132g	175b
5c	30m	0y	10k	211r	171g	197b
25c	70m	20y	40k	128r	69g	98b
10c	50m	10y	30k	165r	110g	133b
5c	40m	10y	20k	193r	140g	157b
5c	25m	0y	15k	203r	173g	194b
20c	100m	0y	0k	197r	22g	141b
10c	70m	0y	0k	218r	111g	171b
5c	45m	0y	0k	231r	159g	198b
0c	25m	0y	0k	249r	203g	223b
15c	100m	0y	35k	148r	0g	100b
15c	80m	0y	20k	173r	71g	134b
5c	60m	0y	10k	208r	119g	166b
0c	35m	0y	10k	223r	166g	192b
15c	80m	30y	40k	140r	55g	84b
15c	70m	20y	30k	158r	80g	110b
5c	50m	10y	20k	192r	124g	148b
0c	25m	0y	10k	225r	184g	203b

The violet chapter opens with monochromatic and near-monochromatic sets of colors. The hues in these samples come from this chapter's expansion palettes (previous spread). Monochromatic schemes tend to be more visually sedate than those built with hues from opposing positions on the color wheel.

50c	50m	0y	0k	135r	129g	189b	
30c	60m	0y	0k	178r	122g	180b	
15c	15m	0y	0k	212r	209g	233b	

20c	70m	0y	0k	199r	108g	171b	
5c	30m	0y	0k	233r	188g	216b	
10c	20m	0y	0k	223r	204g	228b	

20c	50m	0y	20k	166r	119g	160b	
30c	30m	10y	20k	149r	143g	164b	
0c	35m	0y	10k	223r	166g	192b	

65c	90m	0y	0k	117r	64g	152b	
45c	60m	0y	0k	148r	116g	180b	
20c	30m	0y	0k	199r	178g	214b	

35c	40m	0y	20k		139r	127g	169b	
15c	50m	0y	10k		190r	132g	175b	
5c	30m	0y	10k		211r	171g	197b	
30c	50m	0y	20k		148r	115g	160b	
5c	50m	10y	20k		192r	124g	148b	
0c	25m	0y	10k		225r	184g	203b	
45c	40m	0y	20k		120r	123g	168b	
30c	60m	0y	0k		178r	122g	180b	
15c	20m	0y	10k		192r	182g	207b	
50c	80m	20y	40k		97r	51g	93b	
10c	30m	10y	20k		185r	153g	165b	
20c	20m	0y	20k		166r	164g	189b	
55c	60m	0y	30k		97r	84g	137b	
20c	30m	0y	10k		181r	162g	195b	
5c	20m	0y	0k		235r	208g	228b	

75c	70m	0y	0k	88r	95g	170b	
45c	60m	0y	0k	148r	116g	180b	
15c	40m	0y	0k	210r	163g	203b	

30c	90m	0y	30k	136r	41g	114b	
20c	70m	0y	0k	199r	108g	171b	
20c	40m	0y	10k	181r	146g	185b	

45c	80m	0y	30k	115r	59g	122b	
30c	90m	0y	0k	179r	63g	151b	
50c	50m	0y	0k	135r	129g	189b	

15c	100m	0y	35k	148r	0g	100b	
20c	100m	0y	0k	197r	22g	141b	
45c	40m	0y	20k	120r	123g	168b	

55c	60m	0y	30k	97r	84g	137b	
5c	50m	10y	20k	192r	124g	148b	
30c	30m	10y	20k	149r	143g	164b	

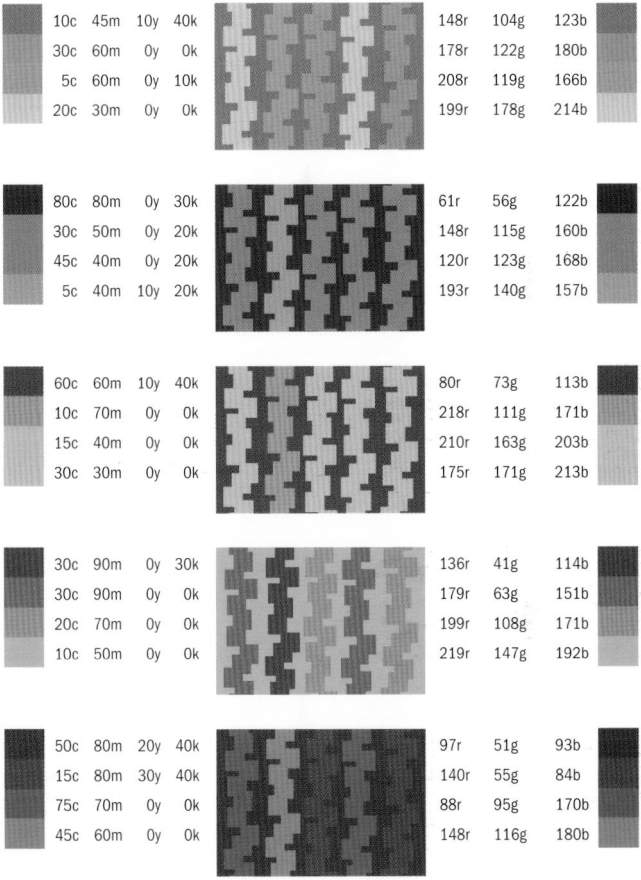
10c 45m 10y 40k
30c 60m 0y 0k
5c 60m 0y 10k
20c 30m 0y 0k
148r 104g 123b
178r 122g 180b
208r 119g 166b
199r 178g 214b
80c 80m 0y 30k
30c 50m 0y 20k
45c 40m 0y 20k
5c 40m 10y 20k
61r 56g 122b
148r 115g 160b
120r 123g 168b
193r 140g 157b
60c 60m 10y 40k
10c 70m 0y 0k
15c 40m 0y 0k
30c 30m 0y 0k
80r 73g 113b
218r 111g 171b
210r 163g 203b
175r 171g 213b
30c 90m 0y 30k
30c 90m 0y 0k
20c 70m 0y 0k
10c 50m 0y 0k
136r 41g 114b
179r 63g 151b
199r 108g 171b
219r 147g 192b
50c 80m 20y 40k
15c 80m 30y 40k
75c 70m 0y 0k
45c 60m 0y 0k
97r 51g 93b
140r 55g 84b
88r 95g 170b
148r 116g 180b

20c	40m	0y	10k	181r	146g	185b
10c	30m	0y	10k	201r	168g	196b
15c	20m	0y	10k	192r	182g	207b
10c	20m	0y	0k	223r	204g	228b

30c	30m	0y	0k	175r	171g	213b
15c	15m	0y	0k	212r	209g	233b
5c	20m	0y	0k	235r	208g	228b
0c	25m	0y	0k	249r	203g	223b

15c	70m	20y	30k	158r	80g	110b
5c	40m	10y	20k	193r	140g	157b
20c	20m	0y	20k	166r	164g	189b
20c	30m	0y	10k	181r	162g	195b

30c	50m	0y	20k	148r	115g	160b
45c	40m	0y	20k	120r	123g	168b
20c	70m	0y	0k	199r	108g	171b
5c	30m	0y	10k	211r	171g	197b

10c	45m	10y	40k	148r	104g	123b
50c	50m	0y	0k	135r	129g	189b
30c	60m	0y	0k	178r	122g	180b
5c	60m	0y	10k	208r	119g	166b

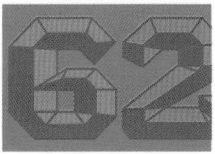

55c	60m	0y	30k	97r	84g	137b	
45c	60m	0y	0k	148r	116g	180b	
10c	70m	0y	0k	218r	111g	171b	
15c	40m	0y	0k	210r	163g	203b	

60c	60m	10y	40k	80r	73g	113b	
30c	90m	0y	30k	136r	41g	114b	
65c	90m	0y	0k	117r	64g	152b	
15c	80m	0y	20k	173r	71g	134b	

15c	80m	30y	40k	140r	55g	84b	
45c	40m	0y	20k	120r	123g	168b	
20c	70m	0y	0k	199r	108g	171b	
30c	30m	0y	0k	175r	171g	213b	

80c	80m	0y	30k	61r	56g	122b	
45c	80m	0y	30k	115r	59g	122b	
75c	70m	0y	0k	88r	95g	170b	
20c	100m	0y	0k	197r	22g	141b	

30c	90m	0y	0k	179r	63g	151b	
50c	50m	0y	0k	135r	129g	189b	
5c	60m	0y	10k	208r	119g	166b	
5c	45m	0y	0k	231r	159g	198b	

50c	50m	0y	0k	135r	129g	189b	
10c	50m	0y	0k	219r	147g	192b	
15c	40m	0y	0k	210r	163g	203b	
30c	30m	0y	0k	175r	171g	213b	
5c	30m	0y	0k	233r	188g	216b	

30c	50m	0y	20k	148r	115g	160b	
5c	40m	10y	20k	193r	140g	157b	
10c	30m	0y	10k	201r	168g	196b	
15c	20m	0y	10k	192r	182g	207b	
0c	25m	0y	10k	225r	184g	203b	

30c	90m	0y	30k	136r	41g	114b	
15c	80m	0y	20k	173r	71g	134b	
10c	70m	0y	0k	218r	111g	171b	
25c	40m	0y	10k	171r	143g	185b	
15c	20m	0y	10k	192r	182g	207b	

60c	60m	10y	40k	80r	73g	113b	
45c	40m	0y	20k	120r	123g	168b	
20c	50m	0y	20k	166r	119g	160b	
35c	30m	0y	10k	150r	154g	194b	
20c	40m	0y	10k	181r	146g	185b	

50c	80m	20y	40k	97r	51g	93b	
10c	45m	10y	40k	148r	104g	123b	
10c	30m	10y	20k	185r	153g	165b	
5c	20m	0y	20k	194r	173g	191b	
5c	45m	0y	0k	231r	159g	198b	

45c	80m	0y	30k	115r	59g	122b	
75c	70m	0y	0k	88r	95g	170b	
45c	90m	0y	0k	153r	63g	152b	
20c	100m	0y	0k	197r	22g	141b	
45c	60m	0y	0k	148r	116g	180b	

80c	80m	0y	30k	61r	56g	122b	
15c	80m	30y	40k	140r	55g	84b	
15c	100m	0y	35k	148r	0g	100b	
55c	60m	0y	30k	97r	84g	137b	
30c	90m	0y	0k	179r	63g	151b	

60c	60m	10y	40k	80r	73g	113b	
15c	50m	0y	10k	190r	132g	175b	
15c	40m	0y	0k	210r	163g	203b	
0c	25m	0y	0k	249r	203g	223b	
15c	15m	0y	0k	212r	209g	233b	

15c	70m	20y	30k	158r	80g	110b	
10c	50m	10y	30k	165r	110g	133b	
30c	30m	10y	20k	149r	143g	164b	
10c	30m	10y	20k	185r	153g	165b	
20c	20m	0y	20k	166r	164g	189b	

30c	90m	0y	30k	136r	41g	114b	
65c	90m	0y	0k	117r	64g	152b	
5c	60m	0y	10k	208r	119g	166b	
0c	25m	0y	10k	225r	184g	203b	
20c	30m	0y	0k	199r	178g	214b	

The next ten pages feature palettes of this chapter's violet hues along with analogous and near-analogous colors from the blue and red chapters. Such combinations of neighboring hues tend to impart a more restrained mood than palettes built of colors from opposing segments on the color wheel.

15c	80m	0y	20k	173r	71g	134b	
5c	20m	0y	0k	235r	208g	228b	
60c	0m	0y	0k	68r	199g	244b	

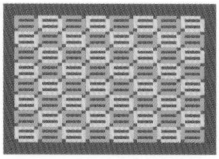

35c	30m	0y	10k	150r	154g	194b	
20c	40m	0y	10k	181r	146g	185b	
40c	20m	0y	0k	149r	181g	223b	

10c	45m	10y	40k	148r	104g	123b	
5c	50m	10y	20k	192r	124g	148b	
40c	0m	10y	20k	122r	179g	190b	

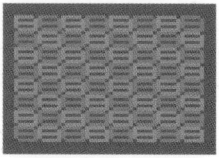

50c	80m	20y	40k	97r	51g	93b	
30c	50m	0y	20k	148r	115g	160b	
75c	20m	20y	0k	42r	159g	188b	

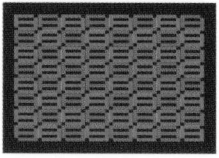

5c	45m	0y	0k	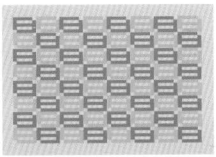	231r	159g	198b	
10c	20m	0y	0k		223r	204g	228b	
100c	0m	0y	0k		0r	173g	239b	
30c	40m	10y	40k	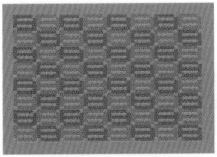	120r	104g	126b	
10c	50m	10y	30k		165r	110g	133b	
80c	20m	0y	0k		0r	158g	219b	
30c	90m	0y	30k	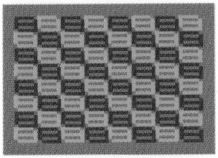	136r	41g	114b	
10c	50m	0y	0k		219r	147g	192b	
45c	10m	20y	30k		104r	145g	151b	
60c	60m	10y	40k	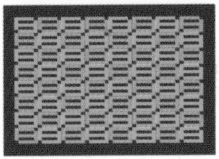	80r	73g	113b	
20c	30m	0y	10k		181r	162g	195b	
0c	45m	30y	0k		247r	161g	154b	
0c	35m	0y	10k	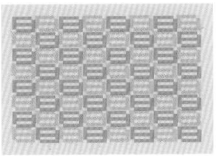	223r	166g	192b	
0c	25m	0y	0k		249r	203g	223b	
0c	65m	40y	0k		243r	123g	125b	

30c	90m	0y	0k		179r	63g	151b	
15c	20m	0y	10k		192r	182g	207b	
0c	60m	30y	0k		244r	133g	141b	

80c	80m	0y	30k		61r	56g	122b	
45c	60m	0y	0k		148r	116g	180b	
0c	100m	20y	0k		237r	6g	119b	

35c	40m	0y	20k		139r	127g	169b	
5c	20m	0y	0k		235r	208g	228b	
0c	90m	60y	0k		239r	65g	86b	

15c	80m	30y	40k		140r	55g	84b	
5c	30m	0y	0k		233r	188g	216b	
0c	65m	60y	0k		244r	122g	99b	

30c	30m	10y	20k		149r	143g	164b	
10c	30m	10y	20k		185r	153g	165b	
0c	55m	30y	0k		245r	143g	146b	

15c	20m	0y	10k		192r	182g	207b	
5c	30m	0y	0k		233r	188g	216b	
10c	20m	0y	0k		223r	204g	228b	
90c	0m	40y	0k		0r	175g	173b	
30c	40m	10y	40k		120r	104g	126b	
20c	40m	0y	10k		181r	146g	185b	
20c	20m	0y	20k		166r	164g	189b	
55c	10m	20y	0k		112r	185g	198b	
20c	70m	0y	0k		199r	108g	171b	
35c	30m	0y	10k		150r	154g	194b	
10c	50m	0y	0k		219r	147g	192b	
100c	30m	20y	0k		0r	136g	178b	
25c	70m	20y	40k		128r	69g	98b	
10c	50m	10y	30k		165r	110g	133b	
5c	40m	10y	20k		193r	140g	157b	
35c	0m	0y	0k		157r	220g	249b	
15c	80m	30y	40k		140r	55g	84b	
10c	70m	0y	0k		218r	111g	171b	
0c	25m	0y	0k		249r	203g	223b	
40c	10m	0y	0k		146r	197g	234b	

15c	80m	0y	20k	173r	71g	134b	
15c	40m	0y	0k	210r	163g	203b	
5c	20m	0y	0k	235r	208g	228b	
75c	40m	0y	0k	62r	133g	198b	

50c	80m	20y	40k	97r	51g	93b	
15c	70m	20y	30k	158r	80g	110b	
0c	35m	0y	10k	223r	166g	192b	
40c	0m	10y	20k	122r	179g	190b	

55c	60m	0y	30k	97r	84g	137b	
20c	30m	0y	10k	181r	162g	195b	
15c	15m	0y	0k	212r	209g	233b	
35c	0m	10y	30k	120r	165g	172b	

60c	60m	10y	40k	80r	73g	113b	
45c	40m	0y	20k	120r	123g	168b	
10c	50m	0y	0k	219r	147g	192b	
45c	10m	10y	20k	114r	161g	180b	

30c	90m	0y	0k	179r	63g	151b	
5c	60m	0y	10k	208r	119g	166b	
0c	25m	0y	10k	225r	184g	203b	
90c	0m	0y	50k	0r	107g	145b	

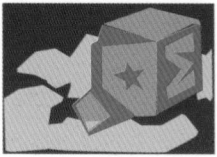

10c	45m	10y	40k		148r	104g	123b	
5c	50m	10y	20k		192r	124g	148b	
30c	30m	10y	20k		149r	143g	164b	
0c	45m	40y	0k		247r	160g	139b	
30c	90m	0y	30k		136r	41g	114b	
20c	50m	0y	20k		166r	119g	160b	
5c	30m	0y	10k		211r	171g	197b	
0c	70m	50y	0k		243r	113g	108b	
50c	50m	0y	0k		135r	129g	189b	
30c	60m	0y	0k		178r	122g	180b	
20c	30m	0y	0k		199r	178g	214b	
0c	55m	30y	0k		245r	143g	146b	
80c	80m	0y	30k		61r	56g	122b	
45c	60m	0y	0k		148r	116g	180b	
10c	20m	0y	0k		223r	204g	228b	
0c	100m	50y	0k		237r	20g	90b	
45c	80m	0y	30k		115r	59g	122b	
75c	70m	0y	0k		88r	95g	170b	
45c	90m	0y	0k		153r	63g	152b	
0c	65m	20y	0k		242r	124g	150b	

50c	80m	20y	40k		97r	51g	93b	
10c	50m	10y	30k		165r	110g	133b	
20c	20m	0y	20k		166r	164g	189b	
0c	65m	60y	10k		220r	111g	90b	

55c	60m	0y	30k		97r	84g	137b	
45c	40m	0y	20k		120r	123g	168b	
35c	30m	0y	10k		150r	154g	194b	
0c	100m	80y	20k		196r	18g	47b	

25c	70m	20y	40k		128r	69g	98b	
30c	50m	0y	20k		148r	115g	160b	
20c	50m	0y	20k		166r	119g	160b	
10c	55m	30y	0k		222r	137g	146b	

15c	50m	0y	10k		190r	132g	175b	
10c	50m	0y	0k		219r	147g	192b	
5c	45m	0y	0k		231r	159g	198b	
20c	80m	50y	0k		202r	98g	119b	

15c	80m	30y	40k		140r	55g	84b	
5c	60m	0y	10k		208r	119g	166b	
25c	40m	0y	10k		171r	143g	185b	
20c	75m	40y	0k		202r	98g	119b	

65c	90m	0y	0k	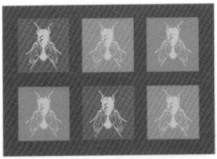	117r	64g	152b
15c	80m	0y	20k		173r	71g	134b
50c	50m	0y	0k		135r	129g	189b
30c	60m	0y	0k		178r	122g	180b
35c	0m	20y	0k		164r	218g	210b

60c	60m	10y	40k	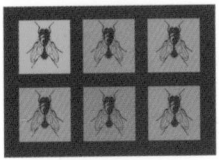	80r	73g	113b
30c	30m	10y	20k		149r	143g	164b
5c	40m	10y	20k		193r	140g	157b
25c	40m	0y	10k		171r	143g	185b
60c	0m	0y	0k		68r	199g	244b

30c	90m	0y	0k	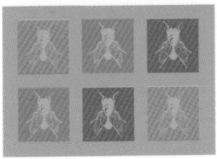	179r	63g	151b
20c	70m	0y	0k		199r	108g	171b
10c	50m	0y	0k		219r	147g	192b
80c	20m	0y	0k		0r	158g	219b
60c	0m	30y	0k		91r	196g	190b

25c	70m	20y	40k	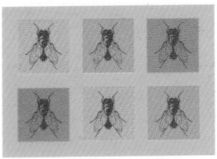	128r	69g	98b
5c	50m	10y	20k		192r	124g	148b
5c	45m	0y	0k		231r	159g	198b
55c	10m	20y	0k		112r	185g	198b
35c	10m	0y	0k		146r	183g	214b

80c	80m	0y	30k	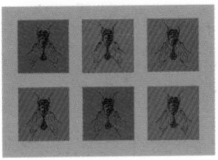	61r	56g	122b
45c	90m	0y	0k		153r	63g	152b
15c	50m	0y	10k		190r	132g	175b
100c	50m	0y	0k		0r	113g	188b
100c	30m	20y	0k		0r	136g	178b

50c	80m	20y	40k	97r	51g	93b	
30c	50m	0y	20k	148r	115g	160b	
20c	40m	0y	10k	181r	146g	185b	
75c	40m	0y	0k	62r	133g	198b	
75c	20m	20y	0k	42r	159g	188b	

60c	60m	10y	40k	80r	73g	113b	
10c	30m	10y	20k	185r	153g	165b	
20c	20m	0y	20k	166r	164g	189b	
45c	10m	20y	30k	104r	145g	151b	
35c	10m	0y	30k	120r	152g	178b	

25c	70m	20y	40k	128r	69g	98b	
5c	50m	10y	20k	192r	124g	148b	
10c	70m	0y	0k	218r	111g	171b	
35c	0m	0y	20k	131r	183g	208b	
20c	0m	10y	20k	167r	193g	192b	

15c	100m	0y	35k	148r	0g	100b	
20c	70m	0y	0k	199r	108g	171b	
30c	30m	0y	0k	175r	171g	213b	
0c	35m	0y	10k	223r	166g	192b	
0c	45m	30y	0k	247r	161g	154b	

50c	80m	20y	40k	97r	51g	93b	
80c	80m	0y	30k	61r	56g	122b	
60c	60m	10y	40k	80r	73g	113b	
15c	80m	30y	40k	140r	55g	84b	
0c	100m	80y	0k	237r	26g	58b	

50c	50m	0y	0k		135r	129g	189b
20c	30m	0y	0k		199r	178g	214b
5c	20m	0y	0k		235r	208g	228b
0c	55m	30y	0k		245r	143g	146b
0c	45m	40y	0k		247r	160g	139b

35c	40m	0y	20k		139r	127g	169b
15c	50m	0y	10k		190r	132g	175b
5c	30m	0y	10k		211r	171g	197b
0c	60m	30y	0k		244r	133g	141b
0c	45m	25y	0k		247r	161g	161b

60c	60m	10y	40k		80r	73g	113b
30c	30m	10y	20k		149r	143g	164b
15c	20m	0y	10k		192r	182g	207b
20c	75m	40y	0k		202r	98g	119b
0c	65m	40y	0k		243r	123g	125b

45c	80m	0y	30k		115r	59g	122b
45c	90m	0y	0k		153r	63g	152b
5c	30m	0y	0k		233r	188g	216b
0c	100m	80y	35k		167r	9g	37b
0c	90m	100y	0k		239r	65g	35b

35c	30m	0y	10k		150r	154g	194b
20c	40m	0y	10k		181r	146g	185b
15c	15m	0y	0k		212r	209g	233b
10c	90m	60y	30k		162r	45g	63b
0c	65m	20y	0k		242r	124g	150b

In this section, the chapter's violet hues are joined by complements and near-complements from the orange, yellow and green chapters. Palettes of opposing hues such as these tend to more visually active than monochromatic combinations or those made of hues from neighboring positions on the color wheel.

5c	60m	0y	10k	208r	119g	166b
0c	25m	0y	0k	249r	203g	223b
0c	40m	30y	0k	248r	170g	158b

30c	90m	0y	0k	179r	63g	151b
35c	30m	0y	10k	150r	154g	194b
0c	45m	50y	0k	248r	159g	124b

60c	60m	10y	40k	80r	73g	113b
10c	30m	10y	20k	185r	153g	165b
0c	45m	70y	0k	248r	158g	93b

25c	70m	20y	40k	128r	69g	98b
30c	50m	0y	20k	148r	115g	160b
0c	50m	100y	0k	247r	147g	29b

50c	50m	0y	0k		135r	129g	189b	
30c	60m	0y	0k		178r	122g	180b	
0c	25m	70y	0k		254r	196g	101b	
45c	40m	0y	20k		120r	123g	168b	
25c	40m	0y	10k		171r	143g	185b	
0c	55m	70y	0k		246r	140g	89b	
30c	30m	0y	0k		175r	171g	213b	
10c	20m	0y	0k		223r	204g	228b	
0c	0m	25y	0k		255r	251g	203b	
20c	20m	0y	20k		166r	164g	189b	
0c	25m	0y	10k		225r	184g	203b	
0c	10m	50y	0k		255r	225g	146b	
30c	30m	10y	20k		149r	143g	164b	
20c	40m	0y	10k		181r	146g	185b	
0c	15m	100y	0k		255r	212g	0b	

35c	40m	0y	20k	139r	127g	169b	
20c	50m	0y	20k	166r	119g	160b	
5c	20m	50y	0k	240r	202g	140b	

15c	70m	20y	30k	158r	80g	110b	
45c	40m	0y	20k	120r	123g	168b	
0c	20m	90y	10k	231r	185g	46b	

25c	70m	20y	40k	128r	69g	98b	
20c	70m	0y	0k	199r	108g	171b	
0c	10m	100y	10k	234r	200g	0b	

5c	40m	10y	20k	193r	140g	157b	
10c	30m	10y	20k	185r	153g	165b	
10c	5m	60y	0k	233r	224g	131b	

35c	30m	0y	10k	150r	154g	194b	
5c	30m	0y	10k	211r	171g	197b	
5c	0m	40y	0k	244r	243g	173b	

30c	40m	10y	40k		120r	104g	126b	
30c	60m	0y	0k		178r	122g	180b	
35c	0m	50y	0k		171r	214g	155b	
45c	80m	0y	30k		115r	59g	122b	
15c	80m	30y	40k		140r	55g	84b	
45c	0m	40y	0k		141r	207g	173b	
75c	70m	0y	0k		88r	95g	170b	
45c	90m	0y	0k		153r	63g	152b	
65c	0m	40y	0k		76r	191g	173b	
20c	100m	0y	0k		197r	22g	141b	
5c	30m	0y	0k		233r	188g	216b	
10c	25m	100y	30k		170r	139g	21b	
10c	45m	10y	40k		148r	104g	123b	
0c	35m	0y	10k		223r	166g	192b	
25c	10m	40y	20k		161r	171g	139b	

65c	90m	0y	0k	117r	64g	152b	
50c	50m	0y	0k	135r	129g	189b	
20c	70m	0y	0k	199r	108g	171b	
0c	60m	60y	0k	245r	132g	102b	

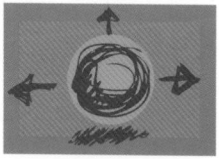

35c	30m	0y	10k	150r	154g	194b	
15c	40m	0y	0k	210r	163g	203b	
5c	45m	0y	0k	231r	159g	198b	
0c	30m	30y	0k	251r	189g	167b	

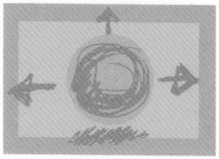

10c	45m	10y	40k	148r	104g	123b	
5c	40m	10y	20k	193r	140g	157b	
0c	25m	0y	10k	225r	184g	203b	
0c	25m	50y	0k	253r	197g	137b	

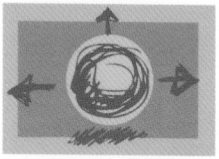

50c	80m	20y	40k	97r	51g	93b	
15c	100m	0y	35k	148r	0g	100b	
20c	40m	0y	10k	181r	146g	185b	
0c	35m	90y	0k	251r	176g	52b	

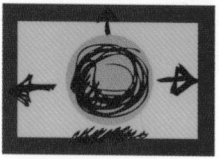

45c	60m	0y	0k	148r	116g	180b	
20c	100m	0y	0k	197r	22g	141b	
30c	30m	0y	0k	175r	171g	213b	
0c	65m	90y	0k	244r	121g	50b	

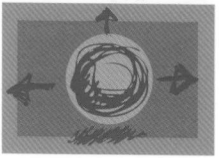

60c	60m	10y	40k	80r	73g	113b	
15c	80m	30y	40k	140r	55g	84b	
20c	20m	0y	20k	166r	164g	189b	
0c	55m	100y	20k	203r	115g	23b	

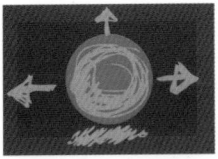

45c	60m	0y	0k	148r	116g	180b	
10c	70m	0y	0k	218r	111g	171b	
15c	40m	0y	0k	210r	163g	203b	
10c	50m	80y	0k	225r	143g	75b	

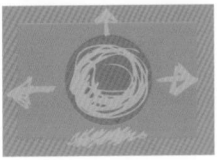

30c	60m	0y	0k	178r	122g	180b	
5c	30m	0y	0k	233r	188g	216b	
15c	15m	0y	0k	212r	209g	233b	
0c	5m	50y	0k	255r	235g	149b	

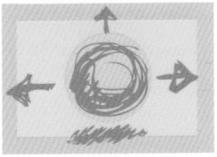

10c	50m	10y	30k	165r	110g	133b	
5c	50m	10y	20k	192r	124g	148b	
5c	20m	0y	20k	194r	173g	191b	
0c	5m	100y	0k	255r	230g	0b	

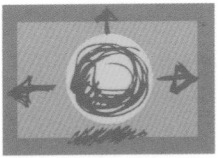

55c	60m	0y	30k	97r	84g	137b	
25c	40m	0y	10k	171r	143g	185b	
20c	30m	0y	10k	181r	162g	195b	
10c	30m	100y	0k	230r	177g	34b	

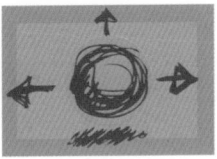

30c	40m	10y	40k	120r	104g	126b	
30c	30m	10y	20k	149r	143g	164b	
10c	30m	10y	20k	185r	153g	165b	
10c	30m	100y	0k	230r	177g	34b	

25c	70m	20y	40k	128r	69g	98b	
15c	70m	20y	30k	158r	80g	110b	
10c	50m	0y	0k	219r	147g	192b	
10c	40m	100y	0k	228r	160g	37b	

30c	90m	0y	30k	136r	41g	114b	
15c	80m	0y	20k	173r	71g	134b	
30c	30m	0y	0k	175r	171g	213b	
0c	15m	100y	20k	212r	176g	4b	

45c	40m	0y	20k	120r	123g	168b	
5c	60m	0y	100k	208r	119g	166b	
35c	30m	0y	10k	150r	154g	194b	
10c	5m	40y	0k	231r	226g	169b	

55c	60m	0y	30k	97r	84g	137b	
30c	50m	0y	20k	148r	115g	160b	
5c	50m	10y	20k	192r	124g	148b	
15c	0m	60y	0k	222r	231g	135b	

30c	90m	0y	30k
50c	50m	0y	0k
10c	70m	0y	0k
60c	0m	80y	0k

136r	41g	114b
135r	129g	189b
218r	111g	171b
109r	192g	103b

60c	60m	10y	40k
30c	50m	0y	20k
25c	40m	0y	10k
25c	0m	30y	0k

80r	73g	113b
148r	115g	160b
171r	143g	185b
192r	225g	192b

50c	80m	20y	40k
75c	70m	0y	0k
20c	100m	0y	0k
90c	0m	50y	0k

97r	51g	93b
88r	95g	170b
197r	22g	141b
0r	174g	156b

10c	45m	10y	40k
10c	50m	10y	30k
20c	20m	0y	20k
10c	10m	60y	10k

148r	104g	123b
165r	110g	133b
166r	164g	189b
209r	195g	118b

20c	30m	0y	0k
5c	45m	0y	0k
5c	20m	0y	0k
20c	20m	60y	20k

199r	178g	214b
231r	159g	198b
235r	208g	228b
172r	159g	104b

50c	80m	20y	40k	97r	51g	93b	
5c	50m	10y	20k	192r	124g	148b	
20c	40m	0y	10k	181r	146g	185b	
20c	20m	0y	20k	166r	164g	189b	
0c	55m	70y	0k	246r	140g	89b	

30c	40m	10y	40k	120r	104g	126b	
10c	30m	10y	20k	185r	153g	165b	
5c	20m	0y	20k	194r	173g	191b	
0c	40m	30y	0k	248r	170g	158b	
0c	20m	30y	0k	253r	209g	175b	

55c	60m	0y	30k	97r	84g	137b	
20c	30m	0y	10k	181r	162g	195b	
0c	35m	0y	10k	223r	166g	192b	
0c	45m	50y	0k	248r	159g	124b	
0c	25m	50y	0k	253r	197g	137b	

45c	80m	0y	30k	115r	59g	122b	
45c	90m	0y	0k	153r	63g	152b	
30c	60m	0y	0k	178r	122g	180b	
0c	45m	70y	0k	248r	158g	93b	
0c	25m	70y	0k	254r	196g	101b	

35c	30m	0y	10k	150r	154g	194b	
5c	60m	0y	10k	208r	119g	166b	
20c	40m	0y	10k	181r	146g	185b	
0c	35m	90y	0k	251r	176g	52b	
0c	15m	30y	0k	254r	219g	180b	

60c	60m	10y	40k	80r	73g	113b	
10c	70m	0y	0k	218r	111g	171b	
5c	45m	0y	0k	231r	159g	198b	
0c	80m	100y	0k	241r	90g	34b	
0c	55m	90y	0k	246r	139g	51b	

35c	40m	0y	20k	139r	127g	169b	
5c	40m	10y	20k	193r	140g	157b	
30c	30m	0y	0k	175r	171g	213b	
10c	50m	80y	0k	225r	143g	75b	
0c	30m	70y	10k	228r	169g	90b	

45c	40m	0y	20k	120r	123g	168b	
25c	40m	0y	10k	171r	143g	185b	
10c	50m	0y	0k	219r	147g	192b	
15c	20m	0y	10k	192r	182g	207b	
0c	5m	75y	0k	255r	232g	94b	

20c	70m	0y	0k	199r	108g	171b	
15c	40m	0y	0k	210r	163g	203b	
5c	20m	0y	0k	235r	208g	228b	
0c	15m	70y	0k	255r	215g	105b	
0c	0m	50y	0k	255r	247g	153b	

10c	45m	10y	40k	148r	104g	123b	
5c	30m	0y	0k	233r	188g	216b	
0c	25m	0y	0k	249r	203g	223b	
0c	20m	90y	10k	231r	185g	46b	
0c	15m	100y	0k	255r	212g	0b	

30c	40m	10y	40k	120r	104g	126b	
30c	30m	10y	20k	149r	143g	164b	
20c	30m	0y	0k	199r	178g	214b	
10c	30m	100y	0k	230r	177g	34b	
0c	10m	60y	10k	233r	203g	116b	

0c	25m	0y	10k	225r	184g	203b	
10c	20m	0y	0k	223r	204g	228b	
0c	25m	0y	0k	249r	203g	223b	
0c	15m	100y	20k	212r	176g	4b	
0c	5m	70y	10k	234r	211g	99b	

75c	70m	0y	0k	88r	95g	170b	
50c	50m	0y	0k	135r	129g	189b	
30c	60m	0y	0k	178r	122g	180b	
5c	20m	0y	0k	235r	208g	228b	
25c	0m	80y	0k	200r	220g	93b	

25c	70m	20y	40k	128r	69g	98b	
30c	30m	10y	20k	149r	143g	164b	
5c	50m	10y	20k	192r	124g	148b	
45c	0m	40y	0k	141r	207g	173b	
10c	5m	60y	0k	233r	224g	131b	

30c	90m	0y	0k	179r	63g	151b	
10c	50m	0y	0k	219r	147g	192b	
5c	30m	0y	0k	233r	188g	216b	
60c	0m	80y	0k	109r	192g	103b	
15c	0m	30y	0k	218r	234g	193b	

55c	60m	0y	30k		97r	84g	137b
15c	70m	20y	30k		158r	80g	110b
35c	40m	0y	20k		139r	127g	169b
25c	0m	90y	20k		165r	182g	56b
35c	0m	100y	0k		179r	210g	52b

15c	80m	30y	40k		140r	55g	84b
10c	70m	0y	0k		218r	111g	171b
5c	45m	0y	0k		231r	159g	198b
45c	0m	70y	30k		108r	153g	91b
10c	0m	30y	20k		190r	198g	162b

45c	40m	0y	20k		120r	123g	168b
35c	30m	0y	10k		150r	154g	194b
20c	40m	0y	10k		181r	146g	185b
40c	0m	40y	30k		115r	159g	132b
25c	0m	50y	20k		161r	185g	130b

5c	60m	0y	10k		208r	119g	166b
0c	35m	0y	10k		223r	166g	192b
0c	25m	0y	0k		249r	203g	223b
70c	30m	60y	40k		57r	99g	83b
30c	15m	30y	30k		135r	147g	136b

80c	80m	0y	30k		61r	56g	122b
10c	30m	10y	20k		185r	153g	165b
5c	20m	0y	20k		194r	173g	191b
45c	30m	70y	40k		100r	106g	70b
10c	25m	100y	30k		170r	139g	21b

In the following samples, this chapter's violet hues are added to palettes dominated by a broad range of neutral colors. Some of the neutrals are brown or skin tones; others are grays that contain suggestions of a particular hue. Simple grays (tints of black) are featured in the section that follows.

15c	15m	0y	0k		212r	209g	233b	
0c	30m	50y	20k		207r	156g	112b	
0c	10m	20y	10k		230r	208g	185b	

20c	30m	0y	0k	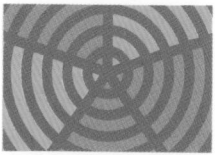	199r	178g	214b	
0c	5m	20y	50k		148r	140g	123b	
0c	10m	40y	30k		189r	169g	125b	

5c	30m	0y	0k	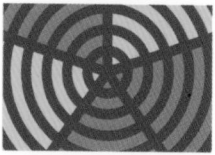	233r	188g	216b	
0c	30m	40y	60k		127r	95g	76b	
0c	20m	20y	40k		166r	141g	131b	

5c	45m	0y	0k		231r	159g	198b	
40c	60m	80y	30k		123r	87g	56b	
10c	20m	50y	20k		189r	165g	118b	

10c	70m	0y	0k		218r	111g	171b	
0c	10m	40y	50k		148r	132g	98b	
0c	10m	30y	30k		189r	170g	139b	
30c	30m	0y	0k		175r	171g	213b	
25c	60m	80y	40k		129r	80g	46b	
5c	30m	40y	20k		196r	154g	126b	
45c	60m	0y	0k		148r	116g	180b	
0c	15m	20y	30k		188r	165g	150b	
0c	5m	20y	30k		189r	178g	157b	
15c	40m	0y	0k	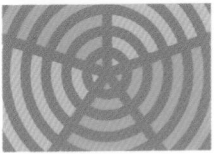	210r	163g	203b	
5c	40m	50y	20k		194r	137g	106b	
5c	20m	50y	0k		240r	202g	140b	
0c	25m	0y	0k		249r	203g	223b	
0c	20m	20y	30k		187r	158g	146b	
5c	20m	30y	10k		216r	186g	160b	

15c	100m	0y	35k	148r	0g	100b	
0c	45m	90y	20k	205r	130g	42b	
10c	30m	100y	0k	230r	177g	34b	

45c	40m	0y	20k	120r	123g	168b	
10c	15m	0y	70k	97r	92g	104b	
0c	15m	20y	40k	167r	147g	134b	

25c	40m	0y	10k	171r	143g	185b	
0c	30m	30y	60k	127r	96g	85b	
5c	10m	30y	10k	218r	202g	168b	

20c	50m	0y	20k	166r	119g	160b	
0c	10m	40y	70k	110r	98g	70b	
20c	55m	70y	0k	205r	132g	92b	

15c	70m	20y	30k	158r	80g	110b	
0c	10m	20y	30k	188r	171g	153b	
0c	30m	70y	10k	228r	169g	90b	

10c	20m	0y	0k	223r	204g	228b	
0c	10m	40y	50k	148r	132g	98b	
0c	10m	40y	20k	211r	188g	139b	
0c	10m	40y	10k	231r	206g	151b	

5c	20m	0y	0k	235r	208g	228b	
0c	30m	40y	60k	127r	95g	76b	
0c	20m	20y	40k	166r	141g	131b	
10c	20m	50y	20k	189r	165g	118b	

10c	50m	0y	0k	219r	147g	192b	
30c	70m	100y	40k	122r	68g	24b	
15c	40m	50y	20k	178r	133g	107b	
0c	10m	20y	10k	230r	208g	185b	

0c	25m	0y	0k	249r	203g	223b	
0c	30m	30y	60k	127r	96g	85b	
10c	40m	60y	30k	167r	121g	84b	
0c	30m	50y	20k	207r	156g	112b	

5c	60m	0y	10k	208r	119g	166b	
0c	5m	20y	60k	129r	122g	107b	
0c	10m	20y	40k	168r	153g	137b	
0c	15m	20y	20k	209r	183g	166b	

50c	50m	0y	0k	135r	129g	189b	
0c	30m	30y	70k	108r	81g	71b	
0c	20m	20y	30k	187r	158g	146b	
0c	15m	30y	10k	230r	199g	164b	

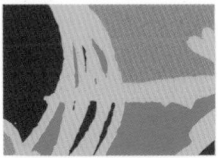

35c	30m	0y	10k	150r	154g	194b	
0c	10m	20y	70k	109r	99g	89b	
0c	5m	20y	50k	148r	140g	123b	
0c	10m	20y	20k	210r	190g	170b	

30c	60m	0y	0k	178r	122g	180b	
0c	15m	20y	60k	128r	112g	102b	
0c	30m	50y	30k	186r	140g	100b	
0c	10m	20y	30k	188r	171g	153b	

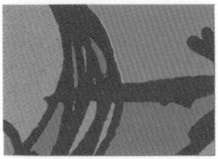

30c	90m	0y	0k	179r	63g	151b	
0c	15m	20y	70k	109r	95g	87b	
0c	5m	20y	40k	168r	159g	140b	
5c	20m	30y	10k	216r	186g	160b	

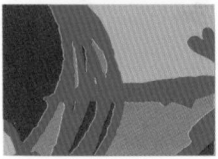

15c	50m	0y	10k	190r	132g	175b	
0c	20m	30y	20k	208r	174g	147b	
5c	10m	30y	10k	218r	202g	168b	
5c	10m	30y	0k	241r	223g	183b	

20c	100m	0y	0k	197r	22g	141b	
10c	15m	0y	70k	97r	92g	104b	
0c	15m	20y	40k	167r	147g	134b	
0c	10m	30y	20k	210r	189g	154b	

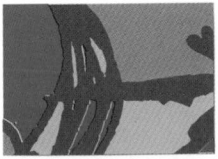

15c	80m	0y	20k	173r	71g	134b	
0c	10m	40y	70k	110r	98g	70b	
0c	10m	40y	40k	168r	151g	112b	
0c	25m	30y	20k	207r	166g	144b	

75c	70m	0y	0k	88r	95g	170b	
30c	70m	100y	40k	122r	68g	24b	
15c	30m	30y	10k	195r	163g	152b	
5c	20m	30y	10k	216r	186g	160b	

65c	90m	0y	0k	117r	64g	152b	
0c	45m	70y	30k	183r	118g	68b	
0c	35m	70y	20k	207r	147g	81b	
10c	20m	50y	20k	189r	165g	118b	

10c	50m	10y	30k	165r	110g	133b	
0c	30m	40y	60k	127r	95g	76b	
0c	10m	40y	30k	189r	169g	125b	
0c	10m	30y	20k	210r	189g	154b	

20c	30m	0y	0k	199r	178g	214b	
0c	30m	40y	60k	127r	95g	76b	
0c	25m	40y	30k	187r	148g	117b	
0c	10m	40y	20k	211r	188g	139b	
5c	10m	30y	0k	241r	223g	183b	

10c	50m	0y	0k	219r	147g	192b	
0c	15m	20y	70k	109r	95g	87b	
0c	20m	20y	40k	166r	141g	131b	
0c	10m	30y	30k	189r	170g	139b	
5c	10m	30y	10k	218r	202g	168b	

45c	40m	0y	20k	120r	123g	168b	
30c	60m	0y	0k	178r	122g	180b	
0c	30m	30y	70k	108r	81g	71b	
0c	15m	20y	40k	167r	147g	134b	
0c	15m	20y	20k	209r	183g	166b	

15c	100	0y	35k	148r	0g	100b	
20c	70m	0y	0k	199r	108g	171b	
10c	15m	0y	40k	148r	143g	158b	
10c	10m	0y	30k	166r	166g	181b	
10c	5m	0y	20k	185r	192g	205b	

25c	40m	0y	10k	171r	143g	185b	
35c	30m	0y	10k	150r	154g	194b	
25c	60m	80y	40k	129r	80g	46b	
0c	20m	20y	30k	187r	158g	146b	
0c	10m	20y	20k	210r	190g	170b	

30c	30m	10y	20k		149r	143g	164b
10c	30m	10y	20k		185r	153g	165b
0c	10m	40y	70k		110r	98g	70b
10c	20m	50y	20k		189r	165g	118b
5c	10m	30y	0k		241r	223g	183b

45c	90m	0y	0k		153r	63g	152b
10c	70m	0y	0k		218r	111g	171b
20c	30m	30y	10k		186r	160g	152b
0c	20m	50y	10k		230r	188g	128b
0c	15m	30y	10k		230r	199g	164b

10c	50m	0y	0k		219r	147g	192b
30c	30m	0y	0k		175r	171g	213b
0c	10m	20y	70k		109r	99g	89b
25c	40m	50y	20k		161r	129g	107b
0c	15m	20y	20k		209r	183g	166b

20c	50m	0y	20k		166r	119g	160b
35c	40m	0y	20k		139r	127g	169b
0c	10m	30y	70k		109r	98g	80b
0c	30m	50y	30k		186r	140g	100b
0c	10m	40y	30k		189r	169g	125b

50c	80m	20y	40k		97r	51g	93b
5c	60m	0y	10k		208r	119g	166b
15c	40m	50y	20k		178r	133g	107b
0c	10m	40y	20k		211r	188g	139b
5c	20m	50y	0k		240r	202g	140b

In this final section of chapter 2, the violet hues are combined with black and tints of black. Consider ideas such as these when seeking ideas for jobs that are limited to black plus one other color of ink. Explore palette solutions where black inks are given prominence, as well as those where the color is allowed to dominate the scheme.

15c	15m	0y	0k	212r	209g	233b	
0c	0m	0y	100k	0r	0g	0b	
0c	0m	0y	30k	189r	189g	189b	

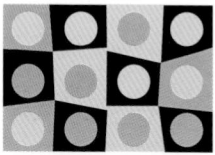

20c	30m	0y	0k	199r	178g	214b	
0c	0m	0y	100k	0r	0g	0b	
0c	0m	0y	60k	130r	130g	130b	

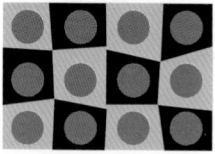

15c	40m	0y	0k	210r	163g	203b	
0c	0m	0y	100k	0r	0g	0b	
0c	0m	0y	50k	149r	149g	149b	

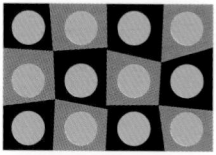

20c	70m	0y	0k	199r	108g	171b	
0c	0m	0y	100k	0r	0g	0b	
0c	0m	0y	80k	89r	89g	89b	

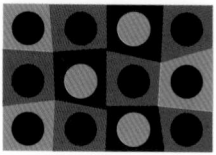

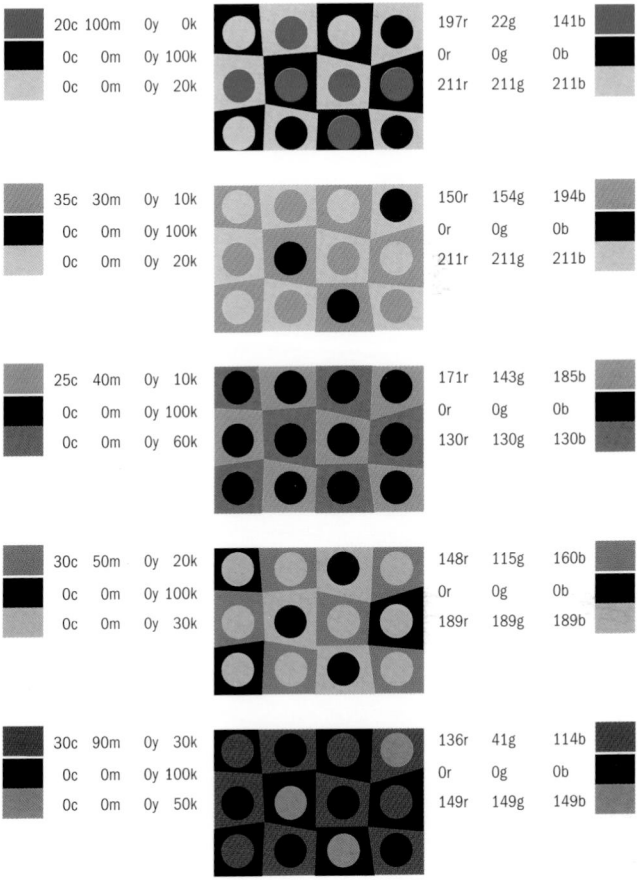
20c 100m 0y 0k
0c 0m 0y 100k
0c 0m 0y 20k
197r 22g 141b
0r 0g 0b
211r 211g 211b
35c 30m 0y 10k
0c 0m 0y 100k
0c 0m 0y 20k
150r 154g 194b
0r 0g 0b
211r 211g 211b
25c 40m 0y 10k
0c 0m 0y 100k
0c 0m 0y 60k
171r 143g 185b
0r 0g 0b
130r 130g 130b
30c 50m 0y 20k
0c 0m 0y 100k
0c 0m 0y 30k
148r 115g 160b
0r 0g 0b
189r 189g 189b
30c 90m 0y 30k
0c 0m 0y 100k
0c 0m 0y 50k
136r 41g 114b
0r 0g 0b
149r 149g 149b

30c	30m	10y	20k	149r	143g	164b	
0c	0m	0y	100k	0r	0g	0b	
0c	0m	0y	60k	130r	130g	130b	

5c	20m	0y	20k	194r	173g	191b	
0c	0m	0y	100k	0r	0g	0b	
0c	0m	0y	70k	111r	111g	111b	

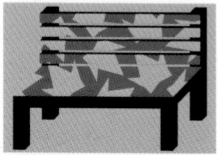

10c	50m	10y	30k	165r	110g	133b	
0c	0m	0y	100k	0r	0g	0b	
0c	0m	0y	40k	169r	169g	169b	

15c	100m	0y	35k	148r	0g	100b	
0c	0m	0y	100k	0r	0g	0b	
0c	0m	0y	50k	149r	149g	149b	

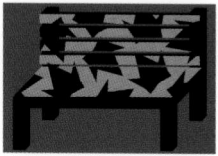

5c	50m	10y	20k	192r	124g	148b	
0c	0m	0y	100k	0r	0g	0b	
0c	0m	0y	10k	231r	231g	231b	

30c	30m	0y	0k	175r	171g	213b	
0c	0m	0y	100k	0r	0g	0b	
0c	0m	0y	80k	89r	89g	89b	
0c	0m	0y	20k	211r	211g	211b	

35c	30m	0y	10k	150r	154g	194b	
0c	0m	0y	100k	0r	0g	0b	
0c	0m	0y	70k	111r	111g	111b	
0c	0m	0y	50k	149r	149g	149b	

10c	20m	0y	0k	223r	204g	228b	
0c	0m	0y	100k	0r	0g	0b	
0c	0m	0y	50k	149r	149g	149b	
0c	0m	0y	10k	231r	231g	231b	

30c	60m	0y	0k	178r	122g	180b	
0c	0m	0y	100k	0r	0g	0b	
0c	0m	0y	40k	169r	169g	169b	
0c	0m	0y	20k	211r	211g	211b	

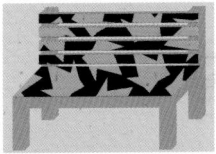

20c	40m	0y	10k	181r	146g	185b	
0c	0m	0y	100k	0r	0g	0b	
0c	0m	0y	80k	89r	89g	89b	
0c	0m	0y	60k	130r	130g	130b	

5c	30m	0y	0k	233r	188g	216b	
0c	0m	0y	100k	0r	0g	0b	
0c	0m	0y	70k	111r	111g	111b	
0c	0m	0y	20k	211r	211g	211b	

15c	50m	0y	10k	190r	132g	175b	
0c	0m	0y	100k	0r	0g	0b	
0c	0m	0y	30k	189r	189g	189b	
0c	0m	0y	10k	231r	231g	231b	

10c	70m	0y	0k	218r	111g	171b	
0c	0m	0y	100k	0r	0g	0b	
0c	0m	0y	80k	89r	89g	89b	
0c	0m	0y	60k	130r	130g	130b	

15c	80m	0y	20k	173r	71g	134b	
0c	0m	0y	100k	0r	0g	0b	
0c	0m	0y	70k	111r	111g	111b	
0c	0m	0y	10k	231r	231g	231b	

0c	25m	0y	10k	225r	184g	203b	
0c	0m	0y	100k	0r	0g	0b	
0c	0m	0y	80k	89r	89g	89b	
0c	0m	0y	40k	169r	169g	169b	

50c	50m	0y	0k	135r	129g	189b	
0c	0m	0y	100k	0r	0g	0b	
0c	0m	0y	60k	130r	130g	130b	
0c	0m	0y	50k	149r	149g	149b	

45c	60m	0y	0k	148r	116g	180b	
0c	0m	0y	100k	0r	0g	0b	
0c	0m	0y	40k	169r	169g	169b	
0c	0m	0y	20k	211r	211g	211b	

45c	90m	0y	0k	153r	63g	152b	
0c	0m	0y	100k	0r	0g	0b	
0c	0m	0y	40k	169r	169g	169b	
0c	0m	0y	30k	189r	189g	189b	

10c	50m	0y	0k	219r	147g	192b	
0c	0m	0y	100k	0r	0g	0b	
0c	0m	0y	80k	89r	89g	89b	
0c	0m	0y	60k	130r	130g	130b	

15c	70m	20y	30k	158r	80g	110b	
0c	0m	0y	100k	0r	0g	0b	
0c	0m	0y	50k	149r	149g	149b	
0c	0m	0y	30k	189r	189g	189b	

50c	50m	0y	0k	135r	129g	189b	
20c	30m	0y	0k	199r	178g	214b	
0c	0m	0y	100k	0r	0g	0b	
0c	0m	0y	80k	89r	89g	89b	
0c	0m	0y	30k	189r	189g	189b	

15c	20m	0y	10k	192r	182g	207b	
5c	20m	0y	0k	235r	208g	228b	
0c	0m	0y	100k	0r	0g	0b	
0c	0m	0y	70k	111r	111g	111b	
0c	0m	0y	40k	169r	169g	169b	

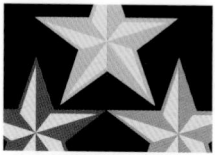

25c	40m	0y	10k	171r	143g	185b	
5c	40m	10y	20k	193r	140g	157b	
0c	0m	0y	100k	0r	0g	0b	
0c	0m	0y	60k	130r	130g	130b	
0c	0m	0y	20k	211r	211g	211b	

75c	70m	0y	0k	88r	95g	170b	
20c	70m	0y	0k	199r	108g	171b	
0c	0m	0y	100k	0r	0g	0b	
0c	0m	0y	20k	211r	211g	211b	
0c	0m	0y	10k	231r	231g	231b	

15c	100m	0y	35k	148r	0g	100b	
20c	100m	0y	0k	197r	22g	141b	
0c	0m	0y	100k	0r	0g	0b	
0c	0m	0y	60k	130r	130g	130b	
0c	0m	0y	40k	169r	169g	169b	

20c	20m	0y	20k	166r	164g	189b	
15c	50m	0y	10k	190r	132g	175b	
0c	0m	0y	100k	0r	0g	0b	
0c	0m	0y	40k	169r	169g	169b	
0c	0m	0y	10k	231r	231g	231b	

15c	70m	20y	30k	158r	80g	110b	
20c	40m	0y	10k	181r	146g	185b	
0c	0m	0y	100k	0r	0g	0b	
0c	0m	0y	70k	111r	111g	111b	
0c	0m	0y	50k	149r	149g	149b	

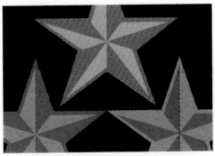

10c	30m	10y	20k	185r	153g	165b	
15c	40m	0y	0k	210r	163g	203b	
0c	0m	0y	100k	0r	0g	0b	
0c	0m	0y	80k	89r	89g	89b	
0c	0m	0y	60k	130r	130g	130b	

65c	90m	0y	0k	117r	64g	152b	
5c	45m	0y	0k	231r	159g	198b	
0c	0m	0y	100k	0r	0g	0b	
0c	0m	0y	50k	149r	149g	149b	
0c	0m	0y	30k	189r	189g	189b	

80c	80m	0y	30k	61r	56g	122b	
15c	80m	30y	40k	140r	55g	84b	
0c	0m	0y	100k	0r	0g	0b	
0c	0m	0y	60k	130r	130g	130b	
0c	0m	0y	40k	169r	169g	169b	

3: RED

Hues ranging from violet-red to red-orange;
saturations from intense to muted;
values from light to dark.

CHAPTER CONTENTS:

126-127
Expansion Palettes*

128-135
Combinations of Red Hues

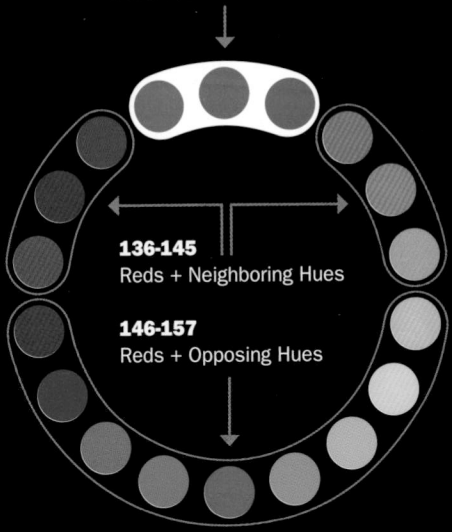

158-165
Reds + Neutral Hues

166-173
Reds + Black and Tints of Black

* *See pages 12-14 for more information about expansion palettes.*

CMYK PERCENTAGES:				RGB VALUES:		
0c	100m	0y	0k	236r	0g	140b
0c	55m	0y	0k	243r	145g	188b
0c	30m	0y	0k	248r	193g	217b
0c	15m	0y	0k	252r	223g	235b
0c	100m	20y	0k	237r	6g	119b
0c	65m	20y	0k	242r	124g	150b
0c	45m	10y	0k	246r	162g	182b
0c	20m	5y	0k	251r	212g	218b
20c	100m	50y	30k	149r	15g	67b
20c	80m	40y	20k	167r	72g	96b
20c	55m	30y	20k	168r	111g	122b
10c	35m	20y	10k	203r	158g	162b
0c	100m	50y	0k	237r	20g	90b
0c	60m	30y	0k	244r	133g	141b
0c	45m	25y	0k	247r	161g	161b
0c	30m	10y	0k	249r	191g	198b
20c	100m	50y	0k	200r	33g	93b
20c	75m	40y	0k	202r	98g	119b
10c	65m	30y	0k	221r	119g	137b
0c	35m	10y	10k	224r	165g	176b
10c	90m	60y	30k	162r	45g	63b
10c	65m	40y	20k	183r	99g	104b
20c	55m	30y	0k	203r	133g	146b
0c	25m	10y	20k	206r	168g	171b
0c	90m	60y	0k	239r	65g	86b
0c	65m	40y	0k	243r	123g	125b
0c	55m	30y	0k	245r	143g	146b
0c	20m	10y	0k	251r	212g	209b

CMYK PERCENTAGES:				RGB VALUES:		
20c	80m	50y	0k	202r	88g	104b
10c	65m	40y	0k	221r	119g	125b
10c	55m	30y	0k	222r	137g	146b
0c	25m	10y	10k	226r	183g	186b
0c	100m	80y	35k	167r	9g	37b
0c	60m	50y	30k	181r	98g	85b
0c	45m	30y	30k	183r	120g	116b
0c	30m	20y	20k	206r	158g	153b
0c	100m	80y	0k	237r	226g	58b
0c	70m	50y	0k	243r	113g	108b
0c	45m	30y	0k	247r	161g	154b
0c	30m	20y	0k	250r	190g	183b
0c	100m	80y	20k	196r	18g	47b
0c	65m	50y	10k	220r	111g	101b
0c	40m	30y	10k	224r	155g	144b
0c	30m	20y	5k	236r	181g	174b
10c	80m	100y	40k	146r	56g	17b
0c	55m	40y	30k	182r	105g	99b
0c	45m	40y	20k	204r	133g	116b
0c	35m	30y	15k	216r	157g	143b
0c	90m	100y	0k	239r	65g	35b
0c	65m	60y	0k	244r	122g	99b
0c	45m	40y	0k	247r	160g	139b
0c	20m	20y	0k	252r	210g	193b
0c	90m	100y	20k	197r	53g	27b
0c	65m	60y	10k	220r	111g	90b
0c	45m	40y	10k	224r	145g	127b
0c	20m	20y	10k	228r	191g	176b

The red chapter opens with monochromatic and near-monochromatic sets of colors. The hues in these samples come from this chapter's expansion palettes (previous spread). Monochromatic schemes tend to be more visually sedate than those built with hues from opposing positions on the color wheel.

0c	45m	10y	0k	246r	162g	182b	
0c	45m	30y	0k	247r	161g	154b	
0c	20m	10y	0k	251r	212g	209b	

0c	60m	30y	0k	244r	133g	141b	
0c	45m	40y	0k	247r	160g	139b	
0c	30m	0y	0k	248r	193g	217b	

0c	100m	80y	20k	196r	18g	47b	
0c	100m	80y	0k	237r	26g	58b	
0c	70m	50y	0k	243r	113g	108b	

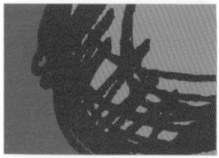

20c	100m	50y	0k	200r	33g	93b	
0c	100m	0y	0k	236r	0g	140b	
0c	90m	60y	0k	239r	65g	86b	

0c	90m	100y	20k		197r	53g	27b
0c	100m	50y	0k		237r	20g	90b
0c	65m	60y	0k		244r	122g	99b

10c	65m	30y	0k		221r	119g	137b
0c	45m	25y	0k		247r	161g	161b
0c	30m	20y	0k		250r	190g	183b

0c	45m	30y	30k		183r	120g	116b
10c	65m	40y	0k		221r	119g	125b
10c	35m	20y	10k		203r	158g	162b

10c	80m	100y	40k		146r	56g	17b
0c	100m	80y	20k		196r	18g	47b
0c	100m	20y	0k		237r	6g	119b

20c	55m	30y	20k		168r	111g	122b
0c	65m	60y	0k		244r	122g	99b
0c	55m	0y	0k		243r	145g	188b

0c	35m	10y	10k	224r	165g	176b	
0c	20m	10y	0k	251r	212g	209b	
0c	20m	5y	0k	251r	212g	218b	

20c	55m	30y	0k	203r	133g	146b	
0c	30m	10y	0k	249r	191g	198b	
0c	20m	20y	0k	252r	210g	193b	

0c	65m	60y	10k	220r	111g	90b	
0c	55m	30y	0k	245r	143g	146b	
0c	45m	40y	0k	247r	160g	139b	

0c	100m	80y	35k	167r	9g	37b	
0c	100m	80y	0k	237r	26g	58b	
0c	70m	50y	0k	243r	113g	108b	

20c	80m	40y	20k	167r	72g	96b	
0c	40m	30y	10k	224r	155g	144b	
0c	25m	10y	10k	226r	183g	186b	

0c	100m	80y	0k	237r	26g	58b	
0c	70m	50y	0k	243r	113g	108b	
0c	45m	30y	0k	247r	161g	154b	
0c	30m	20y	0k	250r	190g	183b	

0c	90m	100y	20k	197r	53g	27b	
0c	65m	60y	10k	220r	111g	90b	
0c	45m	40y	10k	224r	145g	127b	
0c	20m	20y	10k	228r	191g	176b	

20c	75m	40y	0k	202r	98g	119b	
0c	60m	30y	0k	244r	133g	141b	
0c	45m	10y	0k	246r	162g	182b	
0c	15m	0y	0k	252r	223g	235b	

10c	80m	100y	40k	146r	56g	17b	
0c	100m	80y	20k	196r	18g	47b	
0c	90m	100y	0k	239r	65g	35b	
0c	65m	60y	0k	244r	122g	99b	

20c	80m	40y	20k	167r	72g	96b	
10c	65m	40y	0k	221r	119g	125b	
0c	65m	40y	0k	243r	123g	125b	
0c	25m	10y	20k	206r	168g	171b	

0c	100m	80y	35k	167r	9g	37b	
0c	65m	50y	10k	220r	111g	101b	
0c	65m	20y	0k	242r	124g	150b	
0c	45m	40y	0k	247r	160g	139b	

0c	45m	30y	30k	183r	120g	116b	
20c	55m	30y	0k	203r	133g	146b	
0c	45m	30y	0k	247r	161g	154b	
0c	30m	20y	0k	250r	190g	183b	

20c	100m	50y	0k	200r	33g	93b	
0c	100m	50y	0k	237r	20g	90b	
10c	65m	30y	0k	221r	119g	137b	
0c	45m	25y	0k	247r	161g	161b	

20c	80m	40y	20k	167r	72g	96b	
10c	35m	20y	10k	203r	158g	162b	
0c	55m	0y	0k	243r	145g	188b	
0c	25m	10y	10k	226r	183g	186b	

10c	80m	100y	40k	146r	56g	17b	
0c	55m	40y	30k	182r	105g	99b	
0c	65m	60y	10k	220r	111g	90b	
0c	65m	40y	0k	243r	123g	125b	

0c	65m	40y	0k	243r	123g	125b	
0c	45m	25y	0k	247r	161g	161b	
0c	30m	20y	0k	250r	190g	183b	
0c	30m	0y	0k	248r	193g	217b	
0c	20m	10y	0k	251r	212g	209b	

10c	65m	40y	0k	221r	119g	125b	
10c	55m	30y	0k	222r	137g	146b	
0c	35m	10y	10k	224r	165g	176b	
0c	45m	10y	0k	246r	162g	182b	
0c	45m	40y	0k	247r	160g	139b	

10c	65m	40y	20k	183r	99g	104b	
0c	70m	50y	0k	243r	113g	108b	
0c	60m	30y	0k	244r	133g	141b	
0c	55m	0y	0k	243r	145g	188b	
0c	55m	30y	0k	245r	143g	146b	

10c	90m	60y	30k	162r	45g	63b	
20c	75m	40y	0k	202r	98g	119b	
10c	65m	40y	0k	221r	119g	125b	
0c	65m	20y	0k	242r	124g	150b	
0c	65m	60y	0k	244r	122g	99b	

0c	100m	80y	35k	167r	9g	37b	
20c	80m	40y	20k	167r	72g	96b	
20c	55m	30y	0k	203r	133g	146b	
0c	40m	30y	10k	224r	155g	144b	
0c	20m	20y	10k	228r	191g	176b	

10c	90m	60y	30k	162r	45g	63b
0c	100m	80y	0k	237r	26g	58b
0c	90m	60y	0k	239r	65g	86b
0c	70m	50y	0k	243r	113g	108b
0c	55m	30y	0k	245r	143g	146b

20c	100m	50y	30k	149r	15g	67b
0c	100m	50y	0k	237r	20g	90b
0c	100m	0y	0k	236r	0g	140b
0c	65m	60y	0k	244r	122g	99b
0c	65m	20y	0k	242r	124g	150b

0c	100m	80y	20k	196r	18g	47b
0c	65m	60y	10k	220r	111g	90b
10c	65m	30y	0k	221r	119g	137b
10c	65m	40y	0k	221r	119g	125b
0c	45m	40y	10k	224r	145g	127b

0c	45m	40y	20k	204r	133g	116b
10c	35m	20y	10k	203r	158g	162b
0c	30m	20y	20k	206r	158g	153b
0c	20m	20y	10k	228r	191g	176b
0c	20m	20y	0k	252r	210g	193b

20c	75m	40y	0k	202r	98g	119b
0c	65m	40y	0k	243r	123g	125b
0c	45m	25y	0k	247r	161g	161b
0c	20m	10y	0k	251r	212g	209b
0c	20m	5y	0k	251r	212g	218b

20c	80m	40y	20k	167r	72g	96b	
20c	55m	30y	20k	168r	111g	122b	
0c	55m	0y	0k	243r	145g	188b	
0c	30m	0y	0k	248r	193g	217b	
0c	15m	0y	0k	252r	223g	235b	

0c	100m	80y	0k	237r	26g	58b	
0c	35m	10y	10k	224r	165g	176b	
0c	45m	40y	0k	247r	160g	139b	
0c	45m	10y	0k	246r	162g	182b	
0c	25m	10y	10k	226r	183g	186b	

20c	100m	50y	0k	200r	33g	93b	
0c	90m	100y	0k	239r	65g	35b	
0c	100m	50y	0k	237r	20g	90b	
0c	100m	0y	0k	236r	0g	140b	
0c	60m	30y	0k	244r	133g	141b	

10c	65m	40y	20k	183r	99g	104b	
20c	55m	30y	0k	203r	133g	146b	
0c	25m	10y	20k	206r	168g	171b	
0c	45m	30y	0k	247r	161g	154b	
0c	20m	5y	0k	251r	212g	218b	

10c	80m	100y	40k	146r	56g	17b	
0c	45m	30y	30k	183r	120g	116b	
0c	65m	50y	10k	220r	111g	101b	
0c	65m	60y	0k	244r	122g	99b	
0c	35m	30y	15k	216r	157g	143b	

The next ten pages feature palettes of this chapter's red hues along with analogous and near-analogous colors from the violet and orange chapters. Such combinations of neighboring hues tend to impart a more restrained mood than palettes built of colors from opposing segments on the color wheel.

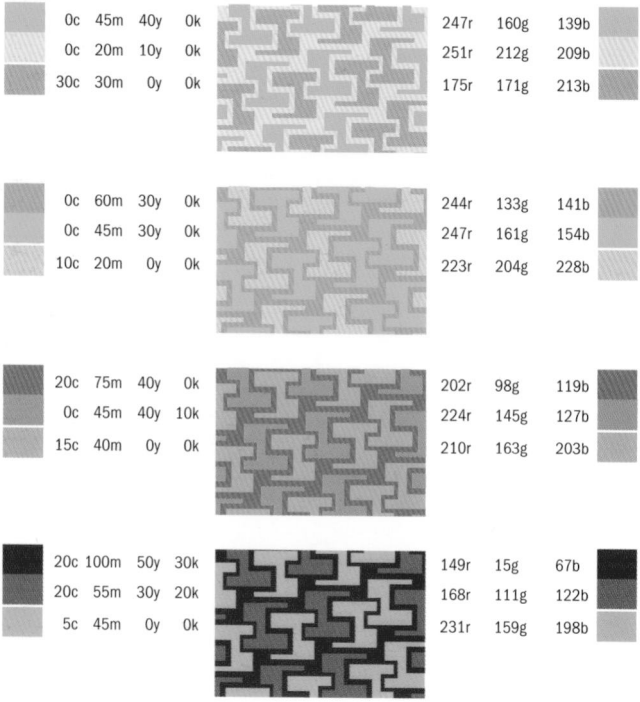

20c	80m	50y	0k	202r	88g	104b	
0c	65m	60y	0k	244r	122g	99b	
30c	30m	10y	20k	149r	143g	164b	

0c	100m	80y	0k	237r	26g	58b	
0c	100m	20y	0k	237r	6g	119b	
45c	80m	0y	30k	115r	59g	122b	

0c	100m	80y	35k	167r	9g	37b	
0c	65m	60y	10k	220r	111g	90b	
5c	50m	10y	20k	192r	124g	148b	

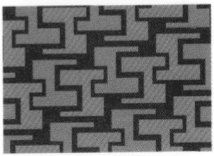

10c	65m	40y	0k	221r	119g	125b	
0c	35m	10y	10k	224r	165g	176b	
0c	40m	30y	0k	248r	170g	158b	

20c	100m	50y	0k	200r	33g	93b	
0c	45m	25y	0k	247r	161g	161b	
0c	55m	70y	0k	246r	140g	89b	

10c	90m	60y	30k	162r	45g	63b	
10c	65m	40y	20k	183r	99g	104b	
0c	35m	50y	0k	250r	179g	131b	

10c	80m	100y	40k	146r	56g	17b	
0c	60m	50y	30k	181r	98g	85b	
0c	50m	100y	0k	247r	147g	29b	

20c	100m	50y	30k	149r	15g	67b	
0c	65m	50y	10k	220r	111g	101b	
0c	15m	50y	0k	255r	217g	143b	

0c	45m	30y	30k	183r	120g	116b	
0c	30m	0y	0k	248r	193g	217b	
0c	30m	70y	10k	228r	169g	90b	

0c	100m	80y	20k	196r	18g	47b	
0c	70m	50y	0k	243r	113g	108b	
0c	35m	70y	20k	207r	147g	81b	

0c	70m	50y	0k	243r	113g	108b	
0c	45m	30y	0k	247r	161g	154b	
0c	45m	10y	0k	246r	162g	182b	
15c	15m	0y	0k	212r	209g	233b	

0c	55m	30y	0k	245r	143g	146b	
0c	45m	25y	0k	247r	161g	161b	
0c	45m	40y	0k	247r	160g	139b	
35c	30m	0y	10k	150r	154g	194b	

0c	65m	20y	0k	242r	124g	150b	
0c	20m	20y	0k	252r	210g	193b	
0c	30m	0y	0k	248r	193g	217b	
45c	60m	0y	0k	148r	116g	180b	

20c	75m	40y	0k	202r	98g	119b	
0c	65m	60y	10k	220r	111g	90b	
10c	65m	30y	0k	221r	119g	137b	
30c	60m	0y	0k	178r	122g	180b	

0c	100m	80y	0k	237r	26g	58b	
0c	65m	60y	0k	244r	122g	99b	
0c	45m	40y	0k	247r	160g	139b	
30c	90m	0y	0k	179r	63g	151b	

20c	55m	30y	20k	168r	111g	122b	
10c	65m	40y	20k	183r	99g	104b	
0c	40m	30y	10k	224r	155g	144b	
20c	20m	0y	20k	166r	164g	189b	

10c	80m	100y	40k	146r	56g	17b	
0c	65m	50y	10k	220r	111g	101b	
0c	65m	60y	0k	244r	122g	99b	
35c	40m	0y	20k	139r	127g	169b	

0c	100m	80y	20k	196r	18g	47b	
20c	80m	50y	0k	202r	88g	104b	
10c	65m	30y	0k	221r	119g	137b	
10c	30m	10y	20k	185r	153g	165b	

0c	70m	50y	0k	243r	113g	108b	
0c	45m	40y	10k	224r	145g	127b	
0c	55m	30y	0k	245r	143g	146b	
10c	50m	10y	30k	165r	110g	133b	

0c	45m	30y	30k	183r	120g	116b	
20c	75m	40y	0k	202r	98g	119b	
0c	45m	40y	0k	247r	160g	139b	
15c	70m	20y	30k	158r	80g	110b	

0c	65m	20y	0k	242r	124g	150b
0c	55m	0y	0k	243r	145g	188b
0c	45m	25y	0k	247r	161g	161b
0c	60m	60y	0k	245r	132g	102b

0c	100m	20y	0k	237r	6g	119b
0c	45m	10y	0k	246r	162g	182b
0c	20m	5y	0k	251r	212g	218b
0c	30m	30y	0k	251r	189g	167b

10c	80m	100y	40k	146r	56g	17b
0c	100m	80y	35k	167r	9g	37b
0c	100m	80y	0k	237r	26g	58b
0c	45m	70y	0k	248r	158g	93b

10c	65m	40y	20k	183r	99g	104b
10c	65m	40y	0k	221r	119g	125b
0c	35m	10y	10k	224r	165g	176b
0c	35m	70y	0k	251r	177g	97b

10c	90m	60y	30k	162r	45g	63b
0c	100m	0y	0k	236r	0g	140b
0c	65m	60y	0k	244r	122g	99b
0c	25m	70y	0k	254r	196g	101b

20c	100m	50y	30k	149r	15g	67b	
10c	35m	20y	10k	203r	158g	162b	
0c	25m	10y	10k	226r	183g	186b	
0c	80m	100y	0k	241r	90g	34b	

10c	80m	100y	40k	146r	56g	17b	
10c	35m	20y	10k	203r	158g	162b	
0c	45m	30y	0k	247r	161g	154b	
0c	55m	100y	20k	203r	115g	23b	

10c	90m	60y	30k	162r	45g	63b	
0c	65m	60y	10k	220r	111g	90b	
0c	35m	10y	10k	224r	165g	176b	
10c	50m	80y	0k	225r	143g	75b	

20c	100m	50y	0k	200r	33g	93b	
10c	65m	30y	0k	221r	119g	137b	
0c	30m	0y	0k	248r	193g	217b	
0c	20m	50y	10k	230r	188g	128b	

20c	80m	40y	20k	167r	72g	96b	
0c	45m	30y	30k	183r	120g	116b	
0c	45m	40y	0k	247r	160g	139b	
0c	45m	90y	20k	205r	130g	42b	

10c	90m	60y	30k		162r	45g	63b
10c	65m	40y	20k		183r	99g	104b
20c	55m	30y	0k		203r	133g	146b
0c	25m	10y	20k		206r	168g	171b
20c	30m	0y	0k		199r	178g	214b

0c	90m	100y	20k		197r	53g	27b
0c	65m	60y	0k		244r	122g	99b
0c	45m	40y	0k		247r	160g	139b
0c	30m	20y	0k		250r	190g	183b
10c	50m	0y	0k		219r	147g	192b

0c	30m	20y	20k		206r	158g	153b
0c	20m	20y	0k		252r	210g	193b
0c	20m	5y	0k		251r	212g	218b
30c	30m	0y	0k		175r	171g	213b
5c	30m	0y	0k		233r	188g	216b

20c	80m	40y	20k		167r	72g	96b
0c	60m	30y	0k		244r	133g	141b
0c	45m	30y	0k		247r	161g	154b
25c	40m	0y	10k		171r	143g	185b
10c	20m	0y	0k		223r	204g	228b

0c	60m	50y	30k		181r	98g	85b
0c	55m	40y	30k		182r	105g	99b
0c	65m	60y	10k		220r	111g	90b
20c	40m	0y	10k		181r	146g	185b
5c	30m	0y	10k		211r	171g	197b

0c	100m	80y	35k	167r	9g	37b	
0c	60m	30y	0k	244r	133g	141b	
0c	45m	40y	0k	247r	160g	139b	
5c	60m	0y	10k	208r	119g	166b	
20c	20m	0y	20k	166r	164g	189b	

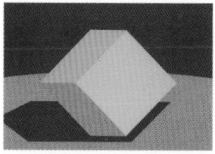

0c	100m	80y	0k	237r	26g	58b	
0c	65m	40y	0k	243r	123g	125b	
0c	55m	30y	0k	245r	143g	146b	
30c	40m	10y	40k	120r	104g	126b	
45c	40m	0y	20k	120r	123g	168b	

0c	45m	40y	20k	204r	133g	116b	
0c	40m	30y	10k	224r	155g	144b	
0c	25m	10y	10k	226r	183g	186b	
10c	45m	10y	40k	148r	104g	123b	
30c	60m	0y	0k	178r	122g	180b	

20c	100m	50y	30k	149r	15g	67b	
20c	80m	40y	20k	167r	72g	96b	
20c	55m	30y	20k	168r	111g	122b	
10c	35m	20y	10k	203r	158g	162b	
0c	25m	50y	0k	253r	197g	137b	

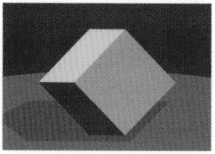

10c	65m	40y	20k	183r	99g	104b	
0c	100m	20y	0k	237r	6g	119b	
10c	65m	30y	0k	221r	119g	137b	
0c	30m	20y	5k	236r	181g	174b	
0c	25m	70y	0k	254r	196g	101b	

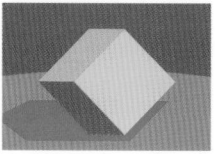

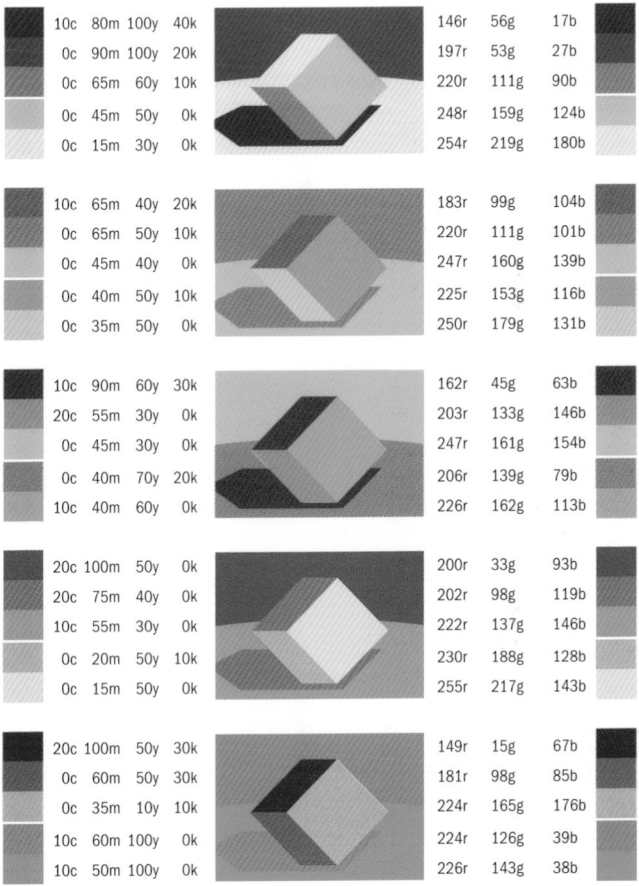
10c 80m 100y 40k
0c 90m 100y 20k
0c 65m 60y 10k
0c 45m 50y 0k
0c 15m 30y 0k
146r 56g 17b
197r 53g 27b
220r 111g 90b
248r 159g 124b
254r 219g 180b
10c 65m 40y 20k
0c 65m 50y 10k
0c 45m 40y 0k
0c 40m 50y 10k
0c 35m 50y 0k
183r 99g 104b
220r 111g 101b
247r 160g 139b
225r 153g 116b
250r 179g 131b
10c 90m 60y 30k
20c 55m 30y 0k
0c 45m 30y 0k
0c 40m 70y 20k
10c 40m 60y 0k
162r 45g 63b
203r 133g 146b
247r 161g 154b
206r 139g 79b
226r 162g 113b
20c 100m 50y 0k
20c 75m 40y 0k
10c 55m 30y 0k
0c 20m 50y 10k
0c 15m 50y 0k
200r 33g 93b
202r 98g 119b
222r 137g 146b
230r 188g 128b
255r 217g 143b
20c 100m 50y 30k
0c 60m 50y 30k
0c 35m 10y 10k
10c 60m 100y 0k
10c 50m 100y 0k
149r 15g 67b
181r 98g 85b
224r 165g 176b
224r 126g 39b
226r 143g 38b

In this section, the chapter's red hues are joined by complements and near-complements from the yellow, green and blue chapters. Palettes of opposing hues such as these tend to be more visually active than monochromatic combinations or those made of hues from neighboring positions on the color wheel.

0c	45m	30y	0k		247r	161g	154b	
0c	20m	10y	0k		251r	212g	209b	
0c	10m	50y	0k		255r	225g	146b	

0c	100m	80y	0k		237r	26g	58b	
0c	65m	20y	0k		242r	124g	150b	
0c	5m	100y	0k		255r	230g	0b	

0c	100m	80y	20k		196r	18g	47b	
0c	70m	50y	0k		243r	113g	108b	
10c	30m	100y	0k		230r	177g	34b	

20c	100m	50y	0k		200r	33g	93b	
0c	55m	30y	0k		245r	143g	146b	
0c	25m	100y	20k		209r	160g	13b	

0c	100m	20y	0k		237r	6g	119b	
0c	60m	30y	0k		244r	133g	141b	
0c	10m	100y	10k		234r	200g	0b	
0c	60m	50y	30k		181r	98g	85b	
0c	65m	60y	0k		244r	122g	99b	
10c	5m	60y	0k		233r	224g	131b	
0c	65m	50y	10k		220r	111g	101b	
0c	55m	0y	0k		243r	145g	188b	
25c	0m	80y	0k		200r	220g	93b	
10c	65m	40y	0k		221r	119g	125b	
0c	45m	40y	0k		247r	160g	139b	
15c	0m	30y	0k		218r	234g	193b	
10c	90m	60y	30k		162r	45g	63b	
0c	45m	10y	0k		246r	162g	182b	
45c	0m	30y	20k		115r	173g	160b	

0c	90m	100y	20k	197r	53g	27b	
0c	40m	30y	10k	224r	155g	144b	
10c	15m	80y	20k	191r	170g	69b	

0c	65m	60y	10k	220r	111g	90b	
0c	60m	30y	0k	244r	133g	141b	
25c	30m	80y	30k	146r	127g	62b	

0c	35m	10y	10k	224r	165g	176b	
0c	20m	20y	0k	252r	210g	193b	
25c	10m	40y	20k	161r	171g	139b	

20c	100m	50y	30k	149r	15g	67b	
20c	80m	50y	0k	202r	88g	104b	
10c	0m	20y	20k	189r	200g	178b	

20c	80m	40y	20k	167r	72g	96b	
0c	65m	40y	0k	243r	123g	125b	
60c	0m	30y	0k	91r	196g	190b	

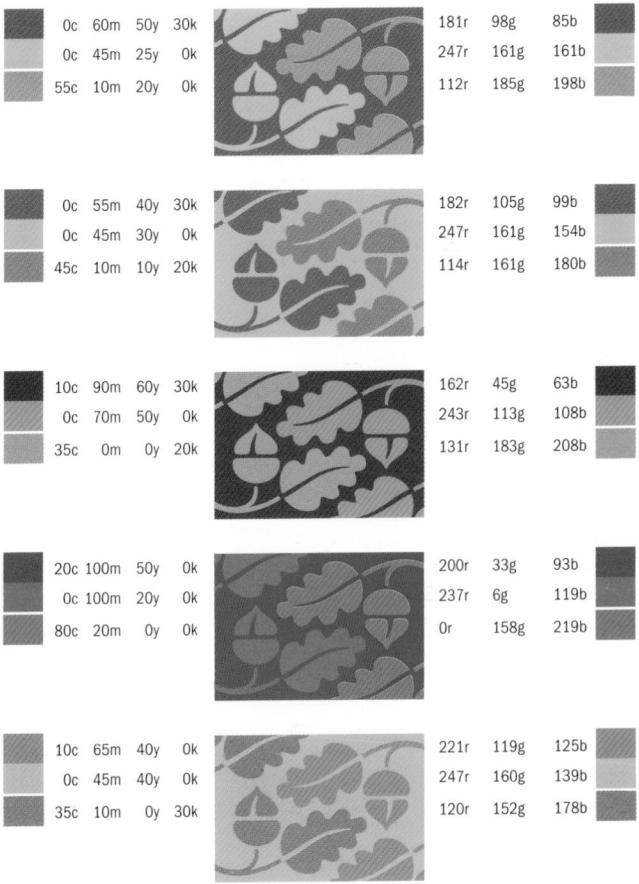
0c 60m 50y 30k
0c 45m 25y 0k
55c 10m 20y 0k
181r 98g 85b
247r 161g 161b
112r 185g 198b
0c 55m 40y 30k
0c 45m 30y 0k
45c 10m 10y 20k
182r 105g 99b
247r 161g 154b
114r 161g 180b
10c 90m 60y 30k
0c 70m 50y 0k
35c 0m 0y 20k
162r 45g 63b
243r 113g 108b
131r 183g 208b
20c 100m 50y 0k
0c 100m 20y 0k
80c 20m 0y 0k
200r 33g 93b
237r 6g 119b
0r 158g 219b
10c 65m 40y 0k
0c 45m 40y 0k
35c 10m 0y 30k
221r 119g 125b
247r 160g 139b
120r 152g 178b

0c	60m	30y	0k	244r	133g	141b
0c	45m	25y	0k	247r	161g	161b
0c	30m	10y	0k	249r	191g	198b
0c	15m	70y	0k	255r	215g	105b

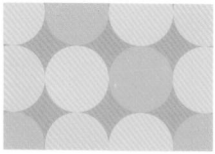

0c	100m	80y	20k	196r	18g	47b
0c	65m	40y	0k	243r	123g	125b
0c	45m	10y	0k	246r	162g	182b
0c	5m	50y	0k	255r	235g	149b

0c	55m	30y	0k	245r	143g	146b
0c	45m	40y	0k	247r	160g	139b
0c	30m	20y	0k	250r	190g	183b
0c	0m	25y	0k	255r	251g	203b

0c	100m	80y	35k	167r	9g	37b
0c	90m	60y	0k	239r	65g	86b
0c	65m	50y	10k	220r	111g	101b
5c	20m	50y	0k	240r	202g	140b

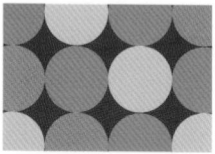

0c	45m	30y	30k	183r	120g	116b
0c	45m	40y	20k	204r	133g	116b
0c	30m	20y	20k	206r	158g	153b
0c	5m	70y	10k	234r	211g	99b

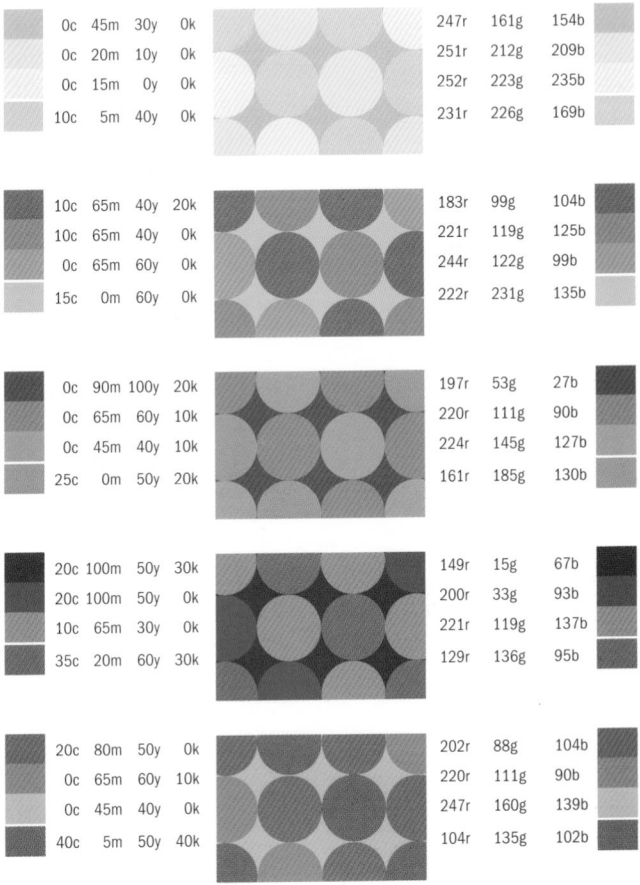
0c 45m 30y 0k
0c 20m 10y 0k
0c 15m 0y 0k
10c 5m 40y 0k
247r 161g 154b
251r 212g 209b
252r 223g 235b
231r 226g 169b
10c 65m 40y 20k
10c 65m 40y 0k
0c 65m 60y 0k
15c 0m 60y 0k
183r 99g 104b
221r 119g 125b
244r 122g 99b
222r 231g 135b
0c 90m 100y 20k
0c 65m 60y 10k
0c 45m 40y 10k
25c 0m 50y 20k
197r 53g 27b
220r 111g 90b
224r 145g 127b
161r 185g 130b
20c 100m 50y 30k
20c 100m 50y 0k
10c 65m 30y 0k
35c 20m 60y 30k
149r 15g 67b
200r 33g 93b
221r 119g 137b
129r 136g 95b
20c 80m 50y 0k
0c 65m 60y 10k
0c 45m 40y 0k
40c 5m 50y 40k
202r 88g 104b
220r 111g 90b
247r 160g 139b
104r 135g 102b

0c	60m	50y	30k	181r	98g	85b	
0c	40m	30y	10k	224r	155g	144b	
0c	70m	50y	0k	243r	113g	108b	
20c	0m	20y	20k	168r	192g	177b	

10c	65m	40y	20k	183r	99g	104b	
0c	65m	20y	0k	242r	124g	150b	
0c	45m	25y	0k	247r	161g	161b	
10c	10m	40y	20k	189r	181g	139b	

10c	80m	100y	40k	146r	56g	17b	
10c	65m	30y	0k	221r	119g	137b	
0c	45m	40y	10k	224r	145g	127b	
45c	30m	70y	40k	100r	106g	70b	

10c	65m	40y	20k	183r	99g	104b	
10c	55m	30y	0k	222r	137g	146b	
0c	45m	30y	0k	247r	161g	154b	
30c	15m	30y	30k	135r	147g	136b	

20c	80m	40y	20k	167r	72g	96b	
20c	55m	30y	20k	168r	111g	122b	
10c	35m	20y	10k	203r	158g	162b	
30c	0m	10y	10k	158r	203g	208b	

20c	100m	50y	0k	200r	33g	93b	
0c	55m	0y	0k	243r	145g	188b	
0c	45m	25y	0k	247r	161g	161b	
75c	20m	20y	0k	42r	159g	188b	

20c	100m	50y	30k	149r	15g	67b	
0c	90m	100y	20k	197r	53g	27b	
10c	65m	40y	0k	221r	119g	125b	
60c	0m	0y	0k	68r	199g	244b	

0c	100m	80y	20k	196r	18g	47b	
0c	65m	40y	0k	243r	123g	125b	
0c	45m	10y	0k	246r	162g	182b	
80c	20m	0y	0k	0r	158g	219b	

0c	65m	60y	0k	244r	122g	99b	
0c	45m	40y	0k	247r	160g	139b	
0c	20m	20y	0k	252r	210g	193b	
70c	20m	0y	20k	45r	137g	185b	

10c	90m	60y	30k	162r	45g	63b	
20c	75m	40y	0k	202r	98g	119b	
0c	55m	30y	0k	245r	143g	146b	
35c	0m	10y	30k	120r	165g	172b	

20c	100m	50y	0k	200r	33g	93b	
0c	100m	50y	0k	237r	20g	90b	
0c	55m	0y	0k	243r	145g	88b	
0c	20m	20y	10k	228r	191g	176b	
0c	10m	80y	0k	255r	222g	79b	

0c	55m	30y	0k	245r	143g	146b	
0c	45m	30y	0k	247r	161g	154b	
0c	30m	20y	5k	236r	181g	174b	
0c	10m	50y	0k	255r	225g	146b	
0c	0m	50y	0k	255r	247g	153b	

20c	80m	40y	20k	167r	72g	96b	
20c	75m	40y	0k	202r	98g	119b	
10c	35m	20y	10k	203r	158g	162b	
10c	30m	100y	0k	230r	177g	34b	
0c	5m	50y	0k	255r	235g	149b	

0c	90m	100y	20k	197r	53g	27b	
0c	90m	100y	0k	239r	65g	35b	
0c	45m	40y	0k	247r	160g	139b	
0c	25m	80y	20k	209r	161g	64b	
0c	20m	90y	10k	231r	185g	46b	

0c	100m	20y	0k	237r	6g	119b	
0c	60m	30y	0k	244r	133g	141b	
0c	30m	10y	0k	249r	191g	198b	
0c	15m	100y	20k	212r	176g	4b	
0c	10m	60y	10k	233r	203g	116b	

10c	90m	60y	30k	162r	45g	63b	
20c	80m	50y	0k	202r	88g	104b	
0c	65m	50y	10k	220r	111g	101b	
0c	45m	40y	0 r	247r	160g	139b	
25c	0m	90y	20k	165r	182g	56b	

20c	55m	30y	20k	168r	111g	122b	
10c	65m	30y	0k	221r	119g	137b	
0c	40m	30y	10k	224r	155g	144b	
10c	10m	60y	10k	209r	195g	118b	
10c	5m	40y	0k	231r	226g	169b	

0c	45m	30y	30k	183r	120g	116b	
0c	55m	30y	0k	245r	143g	146b	
0c	20m	10y	0k	251r	212g	209b	
35c	0m	50y	0k	171r	214g	155b	
15c	0m	60y	0k	222r	231g	135b	

10c	80m	100y	40k	146r	56g	17b	
10c	65m	40y	20k	183r	99g	104b	
0c	65m	60y	10k	220r	111g	90b	
45c	0m	30y	20k	115r	173g	160b	
40c	0m	30y	0k	153r	212g	191b	

0c	100m	80y	35k	167r	9g	37b	
0c	70m	50y	0k	243r	113g	108b	
0c	30m	20y	20k	206r	158g	153b	
40c	0m	40y	30k	115r	159g	132b	
15c	0m	70y	20k	184r	191g	96b	

20c	100m	50y	30k	149r	15g	67b	
10c	55m	30y	0k	222r	137g	146b	
0c	45m	30y	0k	247r	161g	154b	
45c	30m	70y	40k	100r	106g	70b	
10c	25m	100y	30k	170r	139g	21b	

0c	100m	80y	20k	196r	18g	47b	
10c	65m	40y	0k	221r	119g	125b	
0c	45m	40y	10k	224r	145g	127b	
20c	20m	60y	20k	172r	159g	104b	
25c	0m	30y	20k	159r	188g	161b	

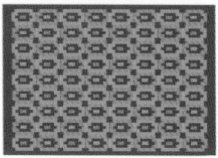

20c	80m	40y	20k	167r	72g	96b	
20c	55m	30y	20k	168r	111g	122b	
0c	45m	10y	0k	246r	162g	182b	
15c	10m	30y	20k	180r	178g	154b	
20c	0m	20y	20k	168r	192g	177b	

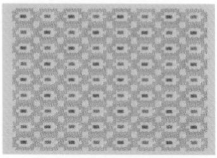

10c	90m	60y	30k	162r	45g	63b	
0c	55m	30y	0k	245r	143g	146b	
0c	45m	30y	0k	247r	161g	154b	
40c	25m	40y	40k	106r	115g	104b	
10c	15m	40y	20k	189r	174g	136b	

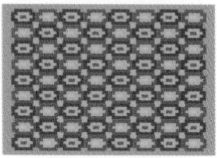

0c	100m	50y	0k	237r	20g	90b	
0c	65m	20y	0k	242r	124g	150b	
0c	30m	0y	0k	248r	193g	217b	
0c	15m	0y	0k	252r	223g	235b	
40c	0m	10y	20k	122r	179g	190b	

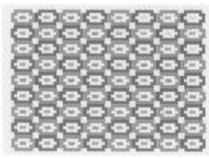

20c	100m	50y	0k		200r	33g	93b
20c	75m	40y	0k		202r	98g	119b
0c	60m	30y	0k		244r	133g	141b
55c	10m	20y	0k		112r	185g	198b
35c	0m	20y	0k		164r	218g	210b

20c	80m	50y	0k		202r	88g	104b
0c	65m	40y	0k		243r	123g	125b
0c	30m	20y	0k		250r	190g	183b
40c	20m	0y	0k		149r	181g	223b
40c	10m	0y	0k		146r	197g	234b

0c	65m	50y	10k		220r	111g	101b
0c	45m	40y	0k		247r	160g	139b
0c	20m	20y	0k		252r	210g	193b
45c	10m	10y	20k		114r	161g	180b
40c	0m	10y	20k		122r	179g	190b

10c	80m	100y	40k		146r	56g	17b
0c	65m	60y	10k		220r	111g	90b
0c	45m	40y	10k		224r	145g	127b
65c	0m	0y	30k		24r	148g	184b
35c	0m	10y	30k		120r	165g	172b

0c	65m	60y	0k		244r	122g	99b
0c	25m	10y	10k		226r	183g	186b
0c	20m	10y	0k		251r	212g	209b
70c	30m	20y	40k		51r	100g	122b
45c	10m	20y	30k		104r	145g	151b

In the following samples, this chapter's red hues are added to palettes dominated by a broad range of neutral colors. Some of the neutrals are brown or skin tones; others are grays that contain suggestions of a particular hue. Simple grays (tints of black) are featured in the section that follows.

0c	45m	10y	0k		246r	162g	182b	
0c	30m	50y	60k		127r	95g	66b	
5c	30m	40y	20k		196r	154g	126b	

0c	30m	10y	0k		249r	191g	198b	
0c	10m	20y	30k		188r	171g	153b	
5c	10m	30y	10k		218r	202g	168b	

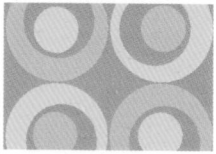

0c	65m	40y	0k		243r	123g	125b	
0c	10m	20y	60k		129r	117g	105b	
0c	15m	50y	20k		210r	180g	120b	

10c	65m	40y	0k		221r	119g	125b	
25c	40m	50y	20k		161r	129g	107b	
15c	30m	30y	10k		195r	163g	152b	

0c	65m	60y	0k		244r	122g	99b	
0c	10m	40y	50k		148r	132g	98b	
0c	10m	30y	20k		210r	189g	154b	

0c	65m	60y	10k		220r	111g	90b	
10c	65m	100y	40k		147r	77g	17b	
0c	55m	70y	20k		203r	116g	73b	

20c	80m	40y	20k		167r	72g	96b	
0c	10m	40y	60k		129r	115g	84b	
5c	30m	40y	20k		196r	154g	126b	

10c	65m	30y	0k		221r	119g	137b	
0c	15m	20y	50k		147r	129g	118b	
0c	10m	30y	30k		189r	170g	139b	

20c	80m	50y	0k		202r	88g	104b	
20c	30m	50y	20k		171r	145g	113b	
0c	10m	40y	10k		231r	206g	151b	

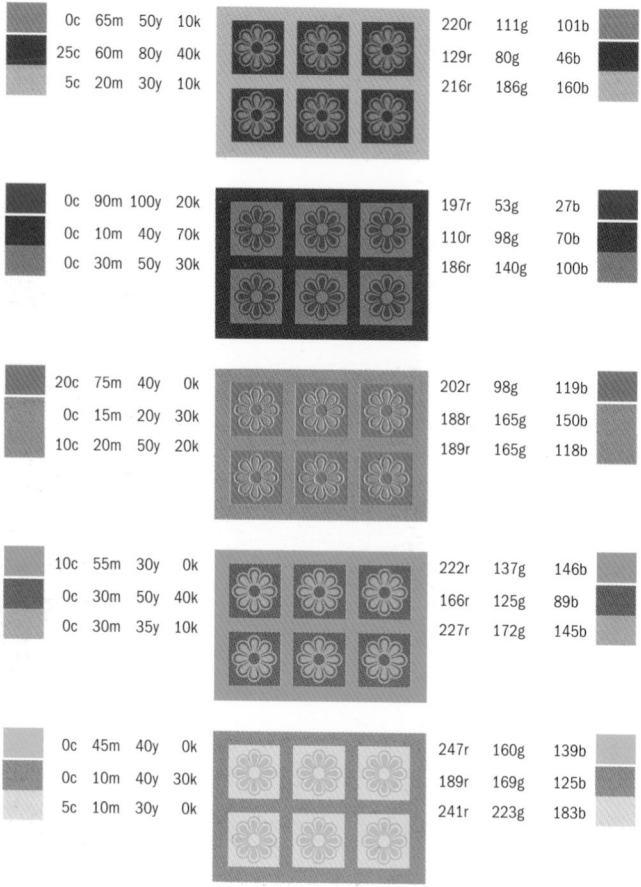
0c 65m 50y 10k
25c 60m 80y 40k
5c 20m 30y 10k
220r 111g 101b
129r 80g 46b
216r 186g 160b
0c 90m 100y 20k
0c 10m 40y 70k
0c 30m 50y 30k
197r 53g 27b
110r 98g 70b
186r 140g 100b
20c 75m 40y 0k
0c 15m 20y 30k
10c 20m 50y 20k
202r 98g 119b
188r 165g 150b
189r 165g 118b
10c 55m 30y 0k
0c 30m 50y 40k
0c 30m 35y 10k
222r 137g 146b
166r 125g 89b
227r 172g 145b
0c 45m 40y 0k
0c 10m 40y 30k
5c 10m 30y 0k
247r 160g 139b
189r 169g 125b
241r 223g 183b

0c	65m	20y	0k	242r	124g	150b	
0c	30m	30y	60k	127r	96g	85b	
0c	30m	40y	40k	165r	126g	101b	
5c	20m	30y	10k	216r	186g	160b	

0c	45m	25y	0k	247r	161g	161b	
0c	10m	40y	60k	129r	115g	84b	
0c	10m	30y	50k	148r	133g	109b	
0c	15m	20y	30k	188r	165g	150b	

0c	55m	30y	0k	245r	143g	146b	
25c	40m	50y	20k	161r	129g	107b	
10c	20m	50y	20k	189r	165g	118b	
10c	5m	30y	5k	217r	216g	178b	

0c	70m	50y	0k	243r	113g	108b	
10c	40m	60y	30k	167r	121g	84b	
0c	35m	70y	20k	207r	147g	81b	
0c	30m	70y	10k	228r	169g	90b	

0c	45m	30y	0k	247r	161g	154b	
10c	15m	0y	70k	97r	92g	104b	
10c	10m	0y	60k	114r	114g	125b	
10c	5m	0y	50k	130r	136g	146b	

0c	90m	100y	0k	239r	65g	35b	
40c	55m	70y	40k	109r	82g	61b	
30c	40m	60y	30k	137r	114g	86b	
0c	10m	40y	10k	231r	206g	151b	

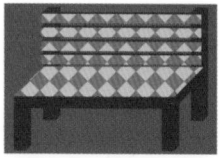

0c	65m	60y	0k	244r	122g	99b	
0c	30m	40y	60k	127r	95g	76b	
0c	20m	20y	40k	166r	141g	131b	
0c	10m	10y	20k	209r	191g	184b	

0c	100m	50y	0k	237r	20g	90b	
25c	60m	80y	40k	129r	80g	46b	
0c	20m	50y	10k	230r	188g	128b	
0c	10m	20y	10k	230r	208g	185b	

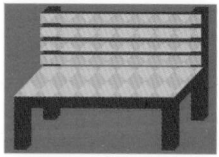

20c	100m	50y	0k	200r	33g	93b	
0c	15m	20y	70k	109r	95g	87b	
0c	10m	40y	50k	148r	132g	98b	
0c	5m	20y	20k	211r	198g	173b	

0c	100m	80y	35k	167r	9g	37b	
45c	30m	70y	40k	100r	106g	70b	
0c	30m	50y	30k	186r	140g	100b	
0c	15m	50y	20k	210r	180g	120b	

10c	65m	40y	0k	221r	119g	125b	
0c	35m	40y	65k	117r	83g	67b	
10c	40m	60y	30k	167r	121g	84b	
0c	5m	30y	10k	232r	216g	172b	

0c	65m	50y	10k	220r	111g	101b	
0c	10m	40y	70k	110r	98g	70b	
10c	40m	60y	30k	167r	121g	84b	
0c	20m	20y	30k	187r	158g	146b	

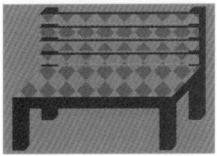

10c	65m	30y	0k	221r	119g	137b	
10c	20m	50y	20k	189r	165g	118b	
0c	20m	50y	10k	230r	188g	128b	
5c	10m	30y	0k	241r	223g	183b	

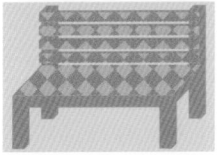

20c	100m	50y	30k	149r	15g	67b	
10c	15m	0y	60k	114r	109g	122b	
0c	10m	40y	30k	189r	169g	125b	
0c	10m	20y	20k	210r	190g	170b	

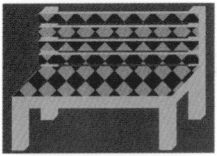

20c	80m	50y	0k	202r	88g	104b	
30c	70m	100y	40k	122r	68g	24b	
15c	40m	50y	20k	178r	133g	107b	
15c	30m	30y	10k	195r	163g	152b	

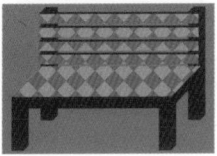

0c	70m	50y	0k	243r	113g	108b	
0c	30m	30y	70k	108r	81g	71b	
0c	25m	30y	50k	146r	117g	101b	
0c	15m	20y	40k	167r	147g	134b	
0c	5m	20y	20k	211r	198g	173b	

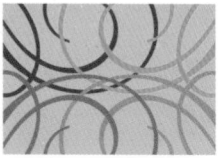

0c	90m	100y	0k	239r	65g	35b	
40c	60m	80y	30k	123r	87g	56b	
40c	25m	40y	40k	106r	115g	104b	
0c	10m	40y	50k	148r	132g	98b	
10c	15m	0y	40k	148r	143g	158b	

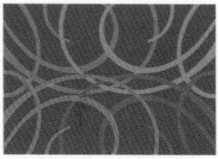

20c	75m	40y	0k	202r	98g	119b	
0c	65m	20y	0k	242r	124g	150b	
10c	15m	0y	70k	97r	92g	104b	
10c	5m	0y	40k	148r	155g	166b	
10c	10m	0y	20k	185r	185g	200b	

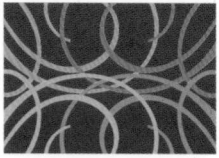

0c	45m	25y	0k	247r	161g	161b	
0c	30m	20y	0k	250r	190g	183b	
0c	15m	20y	60k	128r	112g	102b	
10c	40m	60y	30k	167r	121g	84b	
0c	10m	40y	30k	189r	169g	125b	

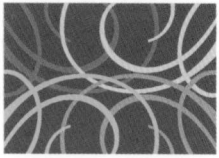

0c	55m	30y	0k	245r	143g	146b	
0c	45m	40y	0k	247r	160g	139b	
0c	10m	20y	70k	109r	99g	89b	
0c	30m	40y	50k	146r	110g	88b	
0c	15m	20y	30k	188r	165g	150b	

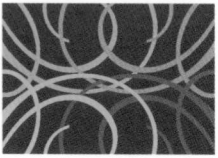

20c	75m	40y	0k	202r	98g	119b	
0c	65m	60y	10k	220r	111g	90b	
30c	70m	100y	40k	122r	68g	24b	
15c	30m	30y	10k	195r	163g	152b	
0c	15m	20y	20k	209r	183g	166b	

10c	65m	40y	0k	221r	119g	125b	
0c	60m	30y	0k	244r	133g	141b	
0c	10m	40y	70k	110r	98g	70b	
10c	15m	0y	60k	114r	109g	122b	
0c	15m	50y	20k	210r	180g	120b	

0c	100m	80y	35k	167r	9g	37b	
0c	90m	60y	0k	239r	65g	86b	
40c	60m	80y	30k	123r	87g	56b	
0c	10m	30y	30k	189r	170g	139b	
5c	10m	30y	10k	218r	202g	168b	

0c	90m	100y	0k	239r	65g	35b	
0c	65m	60y	0k	244r	122g	99b	
0c	10m	20y	70k	109r	99g	89b	
0c	10m	30y	60k	129r	116g	95b	
0c	5m	20y	30k	189r	178g	157b	

20c	80m	50y	0k	202r	88g	104b	
0c	65m	40y	0k	243r	123g	125b	
25c	60m	80y	40k	129r	80g	46b	
0c	10m	40y	20k	211r	188g	139b	
0c	10m	40y	10k	231r	206g	151b	

In this final section of chapter 3, the red hues are combined with black and tints of black. Consider ideas such as these when seeking ideas for jobs that are limited to black plus one other color of ink. Explore palette solutions where black inks are given prominence, as well as those where the color is allowed to dominate the scheme.

0c	45m	10y	0k	246r	162g	182b	
0c	0m	0y	100k	0r	0g	0b	
0c	0m	0y	50k	149r	149g	149b	

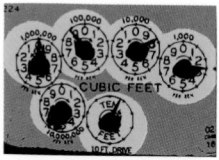

0c	100m	50y	0k	237r	20g	90b	
0c	0m	0y	100k	0r	0g	0b	
0c	0m	0y	70k	111r	111g	111b	

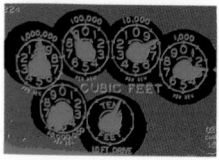

0c	20m	10y	0k	251r	212g	209b	
0c	0m	0y	100k	0r	0g	0b	
0c	0m	0y	40k	169r	169g	169b	

0c	70m	50y	0k	243r	113g	108b	
0c	0m	0y	100k	0r	0g	0b	
0c	0m	0y	20k	211r	211g	211b	

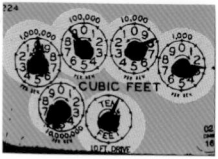

0c	90m	100y	0k	239r	65g	35b	
0c	0m	0y	100k	0r	0g	0b	
0c	0m	0y	80k	89r	89g	89b	

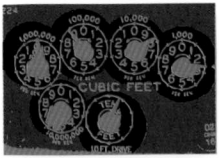

0c	100m	20y	0k	237r	6g	119b	
0c	0m	0y	100k	0r	0g	0b	
0c	0m	0y	40k	169r	169g	169b	

20c	80m	40y	20k	167r	72g	96b	
0c	0m	0y	100k	0r	0g	0b	
0c	0m	0y	10k	231r	231g	231b	

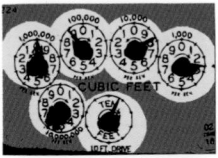

10c	65m	30y	0k	221r	119g	137b	
0c	0m	0y	100k	0r	0g	0b	
0c	0m	0y	80k	89r	89g	89b	

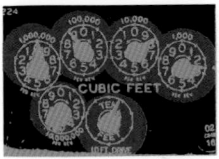

20c	80m	50y	0k	202r	88g	104b	
0c	0m	0y	100k	0r	0g	0b	
0c	0m	0y	20k	211r	211g	211b	

0c	65m	60y	10k	220r	111g	90b	
0c	0m	0y	100k	0r	0g	0b	
0c	0m	0y	80k	89r	89g	89b	

10c	65m	40y	20k	183r	99g	104b	
0c	0m	0y	100k	0r	0g	0b	
0c	0m	0y	50k	149r	149g	149b	

0c	100m	80y	35k	167r	9g	37b	
0c	0m	0y	100k	0r	0g	0b	
0c	0m	0y	10k	231r	231g	231b	

0c	60m	50y	30k	181r	98g	85b	
0c	0m	0y	100k	0r	0g	0b	
0c	0m	0y	30k	189r	189g	189b	

0c	45m	40y	10k	224r	145g	127b	
0c	0m	0y	100k	0r	0g	0b	
0c	0m	0y	70k	111r	111g	111b	

0c	30m	0y	0k	248r	193g	217b	
0c	0m	0y	100k	0r	0g	0b	
0c	0m	0y	30k	189r	189g	189b	
0c	0m	0y	10k	231r	231g	231b	

0c	60m	30y	0k	244r	133g	141b	
0c	0m	0y	100k	0r	0g	0b	
0c	0m	0y	80k	89r	89g	89b	
0c	0m	0y	30k	189r	189g	189b	

20c	75m	40y	0k	202r	98g	119b	
0c	0m	0y	100k	0r	0g	0b	
0c	0m	0y	70k	111r	111g	111b	
0c	0m	0y	50k	149r	149g	149b	

0c	65m	40y	0k	243r	123g	125b	
0c	0m	0y	100k	0r	0g	0b	
0c	0m	0y	40k	169r	169g	169b	
0c	0m	0y	20k	211r	211g	211b	

0c	45m	30y	0k	247r	161g	154b	
0c	0m	0y	100k	0r	0g	0b	
0c	0m	0y	60k	130r	130g	130b	
0c	0m	0y	10k	231r	231g	231b	

0c	60m	65y	0k
0c	0m	0y	100k
0c	0m	0y	30k
0c	0m	0y	10k

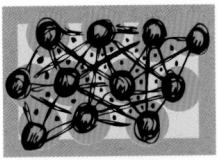

244r	122g	99b
0r	0g	0b
189r	189g	189b
231r	231g	231b

0c	45m	40y	0
0c	0m	0y	100k
0c	0m	0y	50k
0c	0m	0y	20k

247r	160g	139b
0r	0g	0b
149r	149g	149b
211r	211g	211b

20c	100m	50y	0k
0c	0m	0y	100k
0c	0m	0y	60k
0c	0m	0y	30k

200r	33g	93b
0r	0g	0b
130r	130g	130b
189r	189g	189b

0c	100m	80y	0k
0c	0m	0y	100k
0c	0m	0y	70k
0c	0m	0y	30k

237r	26g	58b
0r	0g	0b
111r	111g	111b
189r	189g	189b

0c	100m	80y	20k
0c	0m	0y	100k
0c	0m	0y	80k
0c	0m	0y	60k

196r	18g	47b
0r	0g	0b
89r	89g	89b
130r	130g	130b

0c	45m	25y	0k		247r	161g	161b
0c	0m	0y	100k		0r	0g	0b
0c	0m	0y	40k		169r	169g	169b
0c	0m	0y	20k		211r	211g	211b

0c	35m	10y	10k		224r	165g	176b
0c	0m	0y	100k		0r	0g	0b
0c	0m	0y	70k		111r	111g	111b
0c	0m	0y	50k		149r	149g	149b

20c	55m	30y	0k		203r	133g	146b
0c	0m	0y	100k		0r	0g	0b
0c	0m	0y	80k		89r	89g	89b
0c	0m	0y	10k		231r	231g	231b

10c	65m	40y	0k		221r	119g	125b
0c	0m	0y	100k		0r	0g	0b
0c	0m	0y	70k		111r	111g	111b
0c	0m	0y	50k		149r	149g	149b

0c	40m	30y	10k		224r	155g	144b
0c	0m	0y	100k		0r	0g	0b
0c	0m	0y	40k		169r	169g	169b
0c	0m	0y	20k		211r	211g	211b

0c	30m	10y	0k	249r	191g	198b	
0c	0m	0y	100k	0r	0g	0b	
0c	0m	0y	40k	169r	169g	169b	
0c	0m	0y	30k	189r	189g	189b	
0c	0m	0y	10k	231r	231g	231b	

10c	65m	30y	0k	221r	119g	137b	
0c	45m	10y	0k	246r	162g	182b	
0c	0m	0y	100k	0r	0g	0b	
0c	0m	0y	80k	89r	89g	89b	
0c	0m	0y	50k	149r	149g	149b	

0c	70m	50y	0k	243r	113g	108b	
0c	55m	30y	0k	245r	143g	146b	
0c	0m	0y	100k	0r	0g	0b	
0c	0m	0y	30k	189r	189g	189b	
0c	0m	0y	10k	231r	231g	231b	

0c	65m	60y	0k	244r	122g	99b	
0c	60m	30y	0k	244r	133g	141b	
0c	0m	0y	100k	0r	0g	0b	
0c	0m	0y	80k	89r	89g	89b	
0c	0m	0y	60k	130r	130g	130b	

0c	100m	80y	35k	167r	9g	37b	
0c	100m	50y	0k	237r	20g	90b	
0c	0m	0y	100k	0r	0g	0b	
0c	0m	0y	50k	149r	149g	149b	
0c	0m	0y	30k	189r	189g	189b	

20c	75m	40y	0k		202r	98g	119b
0c	65m	50y	10k		220r	111g	101b
0c	0m	0y	100k		0r	0g	0b
0c	0m	0y	50k		149r	149g	149b
0c	0m	0y	20k		211r	211g	211b

0c	65m	60y	10k		220r	111g	90b
0c	65m	60y	0k		244r	122g	99b
0c	0m	0y	100k		0r	0g	0b
0c	0m	0y	20k		211r	211g	211b
0c	0m	0y	10k		231r	231g	231b

10c	55m	30y	0k		222r	137g	146b
0c	45m	40y	0k		247r	160g	139b
0c	0m	0y	100k		0r	0g	0b
0c	0m	0y	70k		111r	111g	111b
0c	0m	0y	30k		189r	189g	189b

10c	65m	40y	20k		183r	99g	104b
0c	45m	40y	10k		224r	145g	127b
0c	0m	0y	100k		0r	0g	0b
0c	0m	0y	80k		89r	89g	89b
0c	0m	0y	10k		231r	231g	231b

20c	80m	40y	20k		167r	72g	96b
20c	80m	50y	0k		202r	88g	104b
0c	0m	0y	100k		0r	0g	0b
0c	0m	0y	40k		169r	169g	169b
0c	0m	0y	30k		189r	189g	189b

4: ORANGE

Hues ranging from red-orange to orange-yellow;
saturations from intense to muted;
values from light to dark.

CHAPTER CONTENTS:

176-177
Expansion Palettes*

178-185
Combinations of Orange Hues

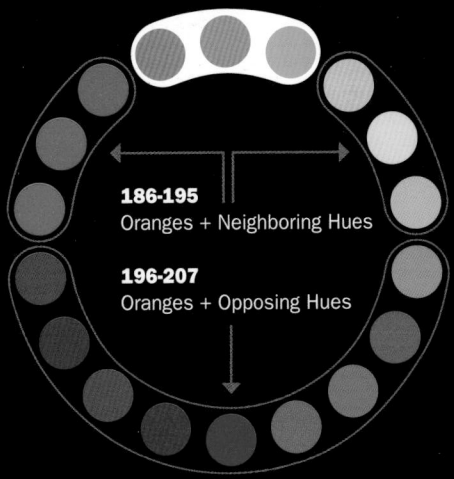

186-195
Oranges + Neighboring Hues

196-207
Oranges + Opposing Hues

208-215
Oranges + Neutral Hues

216-223
Oranges + Black and Tints of Black

* *See pages 12-14 for more information about expansion palettes.*

CMYK PERCENTAGES:				RGB VALUES:		
0c	80m	100y	0k	241r	90g	34b
0c	80m	80y	0k	241r	90g	64b
0c	60m	60y	0k	245r	132g	102b
0c	40m	30y	0k	248r	170g	158b
0c	75m	100y	30k	179r	75g	20b
0c	55m	70y	20k	203r	116g	73b
0c	40m	50y	10k	225r	153g	116b
0c	15m	20y	5k	240r	209g	188b
10c	65m	100y	40k	147r	77g	17b
10c	55m	70y	30k	166r	101g	66b
10c	35m	40y	20k	187r	144g	123b
5c	20m	30y	10k	216r	186g	160b
0c	65m	90y	0k	244r	121g	50b
0c	55m	70y	0k	246r	140g	89b
0c	45m	50y	0k	248r	159g	124b
0c	30m	30y	0k	251r	189g	167b
0c	55m	100y	20k	203r	115g	23b
0c	40m	70y	20k	206r	139g	79b
0c	25m	30y	10k	227r	181g	156b
0c	15m	20y	10k	229r	200g	181b
15c	60m	70y	30k	159r	93g	65b
5c	40m	50y	20k	194r	137g	106b
0c	25m	40y	20k	208r	165g	129b
0c	20m	25y	5k	239r	199g	175b
0c	55m	90y	0k	246r	139g	51b
0c	45m	70y	0k	248r	158g	93b
0c	35m	50y	0k	250r	179g	131b
0c	20m	30y	0k	253r	209g	175b

CMYK PERCENTAGES:				RGB VALUES:		
30c	70m	100y	0k	186r	104g	49b
20c	55m	70y	0k	205r	132g	92b
20c	40m	50y	0k	205r	157g	129b
10c	20m	20y	0k	226r	202g	192b
0c	60m	100y	40k	161r	85g	11b
0c	45m	70y	30k	183r	118g	68b
0c	25m	40y	30k	187r	148g	117b
0c	20m	30y	20k	208r	174g	147b
0c	50m	100y	0k	247r	147g	29b
0c	35m	70y	0k	251r	177g	97b
0c	25m	50y	0k	253r	197g	137b
0c	15m	30y	0k	254r	219g	180b
10c	60m	100y	0k	224r	126g	39b
10c	50m	80y	0k	225r	143g	75b
10c	40m	60y	0k	226r	162g	113b
10c	20m	30y	0k	227r	201g	175b
0c	35m	90y	0k	251r	176g	52b
0c	25m	70y	0k	254r	196g	101b
0c	15m	50y	0k	255r	217g	143b
0c	5m	20y	0k	255r	239g	207b
10c	50m	100y	0k	226r	143g	38b
0c	30m	70y	10k	228r	169g	90b
0c	20m	50y	10k	230r	188g	128b
0c	15m	30y	10k	230r	199g	164b
0c	45m	90y	20k	205r	130g	42b
0c	35m	70y	20k	207r	147g	81b
0c	25m	50y	20k	208r	164g	115b
0c	10m	20y	10k	230r	208g	185b

The orange chapter opens with monochromatic and near-monochromatic sets of colors. The hues in these samples come from this chapter's expansion palettes (previous spread). Monochromatic schemes tend to be more visually sedate than those built with hues from opposing positions on the color wheel.

0c	60m	60y	0k	245r	132g	102b	
0c	25m	50y	0k	253r	197g	137b	
0c	30m	30y	0k	251r	189g	167b	

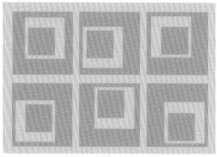

0c	45m	50y	0k	248r	159g	124b	
0c	40m	30y	0k	248r	170g	158b	
0c	20m	30y	0k	253r	209g	175b	

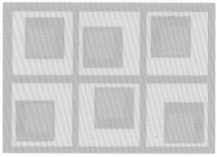

0c	45m	70y	0k	248r	158g	93b	
0c	35m	70y	0k	251r	177g	97b	
0c	5m	20y	0k	255r	239g	207b	

0c	65m	90y	0k	244r	121g	50b	
0c	35m	50y	0k	250r	179g	131b	
0c	25m	70y	0k	254r	196g	101b	

0c	55m	70y	0k	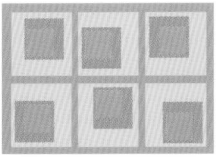	246r	140g	89b	
0c	30m	70y	10k		228r	169g	90b	
0c	15m	50y	0k		255r	217g	143b	
10c	50m	100y	0k		226r	143g	38b	
0c	45m	70y	0k		248r	158g	93b	
0c	30m	30y	0k		251r	189g	167b	
0c	80m	100y	0k	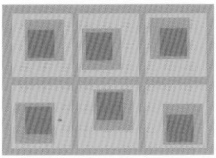	241r	90g	34b	
0c	55m	90y	0k		246r	139g	51b	
0c	35m	90y	0k		251r	176g	52b	
0c	65m	90y	0k		244r	121g	50b	
0c	50m	100y	0k		247r	147g	29b	
0c	15m	30y	0k		254r	219g	180b	
0c	60m	60y	0k	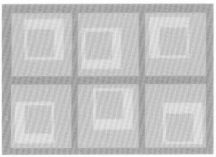	245r	132g	102b	
0c	35m	50y	0k		250r	179g	131b	
0c	15m	50y	0k		255r	217g	143b	

5c	40m	50y	20k
0c	55m	70y	0k
0c	30m	70y	10k

194r	137g	106b
246r	140g	89b
228r	169g	90b

0c	55m	100y	20k
0c	80m	80y	0k
0c	35m	50y	0k

203r	115g	23b
241r	90g	64b
250r	179g	131b

0c	65m	90y	0k
20c	55m	70y	0k
0c	25m	70y	0k

244r	121g	50b
205r	132g	92b
254r	196g	101b

0c	45m	90y	20k
10c	50m	80y	0k
0c	35m	70y	0k

205r	130g	42b
225r	143g	75b
251r	177g	97b

0c	75m	100y	30k
10c	60m	100y	0k
10c	50m	100y	0k

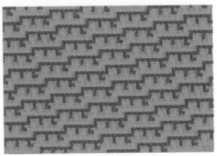

179r	75g	20b
224r	126g	39b
226r	143g	38b

0c	80m	80y	0k	241r	90g	64b
0c	45m	70y	0k	248r	158g	93b
0c	25m	50y	0k	253r	197g	137b
0c	15m	30y	0k	254r	219g	180b

0c	55m	70y	0k	246r	140g	89b
0c	25m	70y	0k	254r	196g	101b
0c	30m	30y	0k	251r	189g	167b
0c	15m	50y	0k	255r	217g	143b

10c	40m	60y	0k	226r	162g	113b
0c	40m	30y	0k	248r	170g	158b
0c	35m	50y	0k	250r	179g	131b
0c	15m	30y	0k	254r	219g	180b

10c	55m	70y	30k	166r	101g	66b
0c	65m	90y	0k	244r	121g	50b
0c	55m	90y	0k	246r	139g	51b
0c	50m	100y	0k	247r	147g	29b

0c	45m	50y	0k	248r	159g	124b
0c	20m	50y	10k	230r	188g	128b
10c	20m	30y	0k	227r	201g	175b
0c	20m	30y	0k	253r	209g	175b

0c	80m	100y	0k	241r	90g	34b	
0c	55m	70y	0k	246r	140g	89b	
0c	35m	50y	0k	250r	179g	131b	
0c	15m	30y	0k	254r	219g	180b	

10c	50m	100y	0k	226r	143g	38b	
0c	35m	90y	0k	251r	176g	52b	
0c	45m	50y	0k	248r	159g	124b	
0c	20m	30y	0k	253r	209g	175b	

0c	40m	70y	20k	206r	139g	79b	
0c	60m	60y	0k	245r	132g	102b	
0c	20m	50y	10k	230r	188g	128b	
0c	15m	50y	0k	255r	217g	143b	

0c	45m	70y	30k	183r	118g	68b	
0c	65m	90y	0k	244r	121g	50b	
0c	25m	50y	20k	208r	164g	115b	
0c	45m	70y	0k	248r	158g	93b	

0c	55m	70y	20k	203r	116g	73b	
10c	50m	80y	0k	225r	143g	75b	
0c	55m	90y	0k	246r	139g	51b	
0c	35m	70y	0k	251r	177g	97b	

0c	60m	100y	40k	161r	85g	11b	
0c	50m	100y	0k	247r	147g	29b	
0c	35m	70y	0k	251r	177g	97b	
0c	20m	30y	0k	253r	209g	175b	
0c	15m	50y	0k	255r	217g	143b	

0c	45m	70y	30k	183r	118g	68b	
0c	80m	80y	0k	241r	90g	64b	
0c	40m	30y	0k	248r	170g	158b	
0c	30m	30y	0k	251r	189g	167b	
0c	5m	20y	0k	255r	239g	207b	

10c	55m	70y	30k	166r	101g	66b	
10c	50m	80y	0k	225r	143g	75b	
0c	30m	70y	10k	228r	169g	90b	
0c	25m	70y	0k	254r	196g	101b	
0c	25m	50y	0k	253r	197g	137b	

5c	40m	50y	20k	194r	137g	106b	
0c	55m	70y	0k	246r	140g	89b	
0c	35m	50y	0k	250r	179g	131b	
0c	15m	30y	10k	230r	199g	164b	
0c	15m	30y	0k	254r	219g	180b	

10c	50m	100y	0k	226r	143g	38b	
0c	60m	60y	0k	245r	132g	102b	
0c	45m	70y	0k	248r	158g	93b	
0c	45m	50y	0k	248r	159g	124b	
0c	35m	70y	0k	251r	177g	97b	

0c	40m	70y	20k	206r	139g	79b	
0c	80m	80y	0k	241r	90g	64b	
0c	55m	70y	0k	246r	140g	89b	
0c	45m	70y	0k	248r	158g	93b	
0c	35m	70y	0k	251r	177g	97b	

10c	55m	70y	30k	166r	101g	66b	
0c	80m	100y	0k	241r	90g	34b	
0c	65m	90y	0k	244r	121g	50b	
0c	55m	90y	0k	246r	139g	51b	
0c	50m	100y	0k	247r	147g	29b	

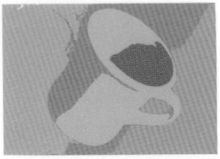

10c	65m	100y	40k	147r	77g	17b	
0c	45m	90y	20k	205r	130g	42b	
10c	50m	100y	0k	226r	143g	38b	
0c	35m	90y	0k	251r	176g	52b	
10c	40m	60y	0k	226r	162g	113b	

0c	30m	70y	10k	228r	169g	90b	
0c	40m	30y	0k	248r	170g	158b	
0c	35m	50y	0k	250r	179g	131b	
0c	15m	30y	0k	254r	219g	180b	
0c	5m	20y	0k	255r	239g	207b	

0c	65m	90y	0k	244r	121g	50b	
0c	50m	100y	0k	247r	147g	29b	
0c	60m	60y	0k	245r	132g	102b	
0c	45m	50y	0k	248r	159g	124b	
0c	20m	30y	0k	253r	209g	175b	

30c	70m	100y	0k	186r	104g	49b	
0c	55m	90y	0k	246r	139g	51b	
20c	55m	70y	0k	205r	132g	92b	
20c	40m	50y	0k	205r	157g	129b	
10c	20m	20y	0k	226r	202g	192b	

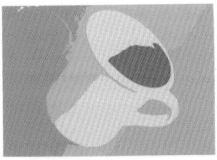

10c	35m	40y	20k	187r	144g	123b	
10c	60m	100y	0k	224r	126g	39b	
0c	35m	70y	20k	207r	147g	81b	
0c	25m	50y	20k	208r	164g	115b	
0c	20m	50y	10k	230r	188g	128b	

15c	60m	70y	30k	159r	93g	65b	
0c	80m	80y	0k	241r	90g	64b	
0c	45m	90y	20k	205r	130g	42b	
0c	40m	70y	20k	206r	139g	79b	
0c	25m	40y	30k	187r	148g	117b	

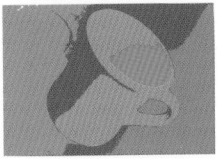

0c	20m	30y	20k	208r	174g	147b	
0c	25m	70y	0k	254r	196g	101b	
0c	25m	30y	10k	227r	181g	156b	
0c	15m	30y	10k	230r	199g	164b	
0c	25m	50y	0k	253r	197g	137b	

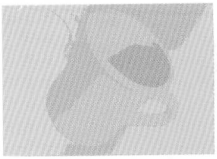

5c	40m	50y	20k	194r	137g	106b	
20c	40m	50y	0k	205r	157g	129b	
0c	20m	30y	20k	208r	174g	147b	
5c	20m	30y	10k	216r	186g	160b	
0c	30m	30y	0k	251r	189g	167b	

The next ten pages feature palettes of this chapter's orange hues along with analogous and near-analogous colors from the red and yellow chapters. Such combinations of neighboring hues tend to impart a more restrained mood than palettes built of colors from opposing segments on the color wheel.

0c	60m	60y	0k	245r	132g	102b	
0c	30m	30y	0k	251r	189g	167b	
0c	20m	5y	0k	251r	212g	218b	

10c	50m	100y	0k	226r	143g	38b	
0c	15m	50y	0k	255r	217g	143b	
0c	45m	25y	0k	247r	161g	161b	

0c	65m	90y	0k	244r	121g	50b	
0c	25m	50y	0k	253r	197g	137b	
0c	65m	40y	0k	243r	123g	125b	

0c	55m	70y	20k	203r	116g	73b	
0c	45m	50y	0k	248r	159g	124b	
0c	45m	30y	0k	247r	161g	154b	

10c	65m	100y	40k		147r	77g	17b
0c	50m	100y	0k		247r	147g	29b
20c	75m	40y	0k		202r	98g	119b

15c	60m	70y	30k		159r	93g	65b
10c	50m	80y	0k		225r	143g	75b
0c	65m	50y	10k		220r	111g	101b

0c	45m	90y	20k		205r	130g	42b
0c	35m	90y	0k		251r	176g	52b
0c	90m	100y	20k		197r	53g	27b

0c	25m	40y	20k		208r	165g	129b
0c	40m	30y	0k		248r	170g	158b
0c	10m	50y	0k		255r	225g	146b

0c	75m	100y	30k		179r	75g	20b
0c	55m	90y	0k		246r	139g	51b
0c	15m	100y	0k		255r	212g	0b

0c	45m	70y	0k	10010011	248r	158g	93b	
0c	15m	30y	0k	10010011	254r	219g	180b	
0c	0m	25y	0k	10010011	255r	251g	203b	

10c	65m	100y	40k	10010011	147r	77g	17b	
0c	80m	100y	0k	10010011	241r	90g	34b	
5c	20m	50y	0k	10010011	240r	202g	140b	

0c	45m	90y	20k	10010011	205r	130g	42b	
10c	50m	100y	0k	10010011	226r	143g	38b	
0c	20m	90y	10k	10010011	231r	185g	46b	

0c	55m	100y	20k	10010011	203r	115g	23b	
0c	25m	50y	0k	10010011	253r	197g	137b	
0c	25m	80y	20k	10010011	209r	161g	64b	

0c	35m	70y	20k	10010011	207r	147g	81b	
0c	25m	70y	0k	10010011	254r	196g	101b	
0c	5m	70y	10k	10010011	234r	211g	99b	

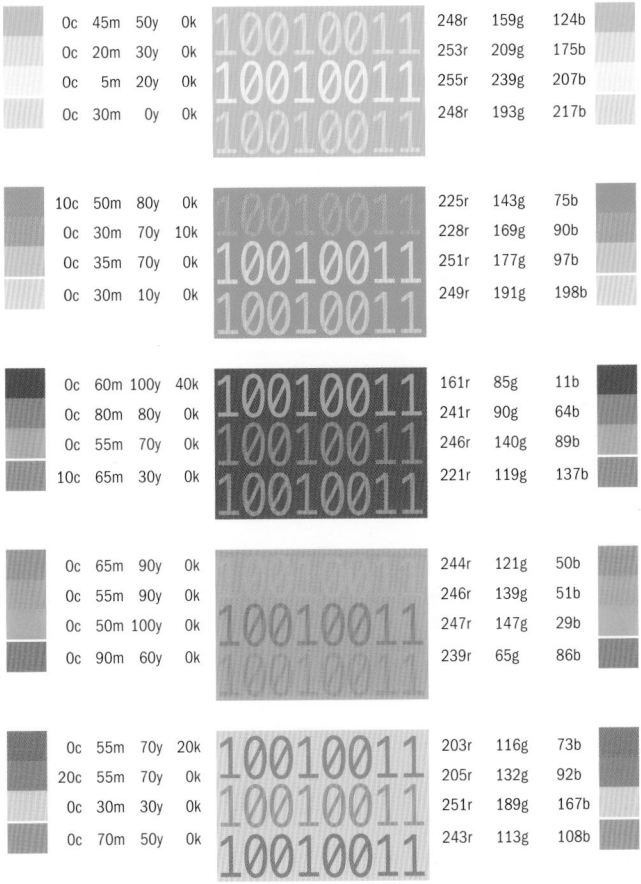
0c 45m 50y 0k
0c 20m 30y 0k
0c 5m 20y 0k
0c 30m 0y 0k
10010011
10010011
10010011
248r 159g 124b
253r 209g 175b
255r 239g 207b
248r 193g 217b
10c 50m 80y 0k
0c 30m 70y 10k
0c 35m 70y 0k
0c 30m 10y 0k
10010011
10010011
10010011
225r 143g 75b
228r 169g 90b
251r 177g 97b
249r 191g 198b
0c 60m 100y 40k
0c 80m 80y 0k
0c 55m 70y 0k
10c 65m 30y 0k
10010011
10010011
10010011
161r 85g 11b
241r 90g 64b
246r 140g 89b
221r 119g 137b
0c 65m 90y 0k
0c 55m 90y 0k
0c 50m 100y 0k
0c 90m 60y 0k
10010011
244r 121g 50b
246r 139g 51b
247r 147g 29b
239r 65g 86b
0c 55m 70y 20k
20c 55m 70y 0k
0c 30m 30y 0k
0c 70m 50y 0k
10010011
10010011
10010011
203r 116g 73b
205r 132g 92b
251r 189g 167b
243r 113g 108b

0c	40m	70y	20k	206r	139g	79b	
0c	45m	70y	0k	248r	158g	93b	
0c	25m	50y	0k	253r	197g	137b	
10c	80m	100y	40k	146r	56g	17b	

0c	60m	60y	0k	245r	132g	102b	
0c	35m	50y	0k	250r	179g	131b	
0c	15m	30y	0k	254r	219g	180b	
20c	80m	40y	20k	167r	72g	96b	

10c	55m	70y	30k	166r	101g	66b	
0c	80m	80y	0k	241r	90g	64b	
0c	35m	70y	0k	251r	177g	97b	
10c	65m	30y	0k	221r	119g	137b	

10c	65m	100y	40k	147r	77g	17b	
0c	65m	90y	0k	244r	121g	50b	
0c	30m	70y	10k	228r	169g	90b	
20c	80m	50y	0k	202r	88g	104b	

15c	60m	70y	30k	159r	93g	65b	
0c	55m	70y	0k	246r	140g	89b	
0c	25m	70y	0k	254r	196g	101b	
0c	65m	60y	10k	220r	111g	90b	

0c	50m	100y	0k	247r	147g	29b	
0c	40m	30y	0k	248r	170g	158b	
0c	20m	30y	0k	253r	209g	175b	
10c	65m	40y	20k	183r	99g	104b	

0c	60m	100y	40k	161r	85g	11b	
0c	20m	50y	10k	230r	188g	128b	
0c	30m	30y	0k	251r	189g	167b	
10c	55m	30y	0k	222r	137g	146b	

0c	80m	100y	0k	241r	90g	34b	
0c	55m	90y	0k	246r	139g	51b	
0c	35m	70y	0k	251r	177g	97b	
0c	15m	70y	0k	255r	215g	105b	

0c	45m	70y	30k	183r	118g	68b	
0c	50m	100y	0k	247r	147g	29b	
0c	35m	90y	0k	251r	176g	52b	
0c	5m	100y	0k	255r	230g	0b	

10c	60m	100y	0k	224r	126g	39b	
0c	45m	50y	0k	248r	159g	124b	
0c	15m	50y	0k	255r	217g	143b	
0c	5m	50y	0k	255r	235g	149b	

0c	55m	70y	20k	203r	116g	73b	
0c	50m	100y	0k	247r	147g	29b	
0c	35m	90y	0k	251r	176g	52b	
10c	30m	100y	0k	230r	177g	34b	

0c	80m	80y	0k	241r	90g	64b	
0c	45m	50y	0k	248r	159g	124b	
0c	15m	30y	0k	254r	219g	180b	
5c	20m	50y	0k	240r	202g	140b	

10c	55m	70y	30k	166r	101g	66b	
10c	60m	100y	0k	224r	126g	39b	
10c	50m	100y	0k	226r	143g	38b	
0c	25m	100y	20k	209r	160g	13b	

0c	45m	70y	0k	248r	158g	93b	
0c	35m	70y	0k	251r	177g	97b	
0c	15m	50y	0k	255r	217g	143b	
0c	35m	100y	30k	186r	131g	13b	

0c	55m	70y	0k	246r	140g	89b	
0c	30m	30y	0k	251r	189g	167b	
0c	45m	70y	30k	183r	118g	68b	
0c	15m	100y	20k	212r	176g	4b	

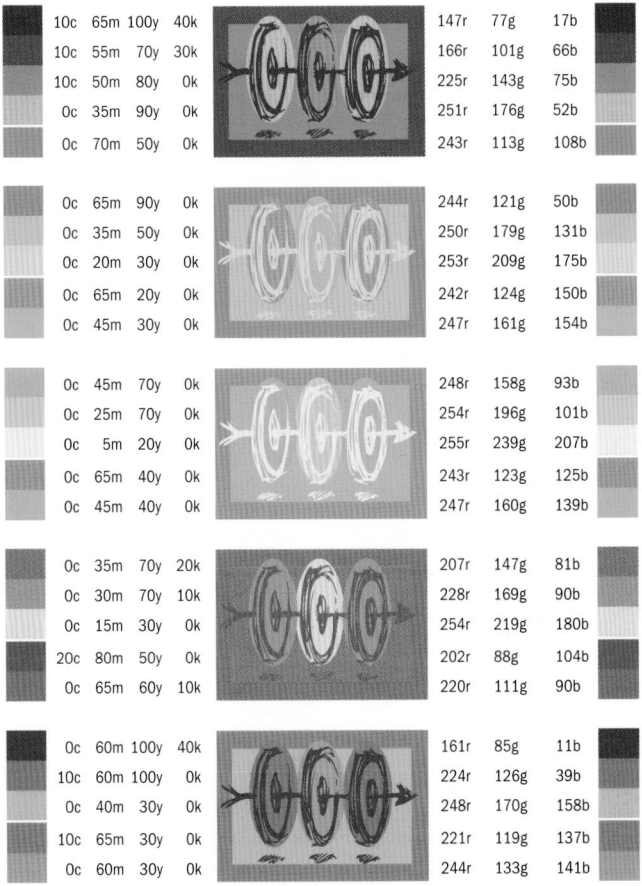
10c 65m 100y 40k
10c 55m 70y 30k
10c 50m 80y 0k
0c 35m 90y 0k
0c 70m 50y 0k
147r 77g 17b
166r 101g 66b
225r 143g 75b
251r 176g 52b
243r 113g 108b
0c 65m 90y 0k
0c 35m 50y 0k
0c 20m 30y 0k
0c 65m 20y 0k
0c 45m 30y 0k
244r 121g 50b
250r 179g 131b
253r 209g 175b
242r 124g 150b
247r 161g 154b
0c 45m 70y 0k
0c 25m 70y 0k
0c 5m 20y 0k
0c 65m 40y 0k
0c 45m 40y 0k
248r 158g 93b
254r 196g 101b
255r 239g 207b
243r 123g 125b
247r 160g 139b
0c 35m 70y 20k
0c 30m 70y 10k
0c 15m 30y 0k
20c 80m 50y 0k
0c 65m 60y 10k
207r 147g 81b
228r 169g 90b
254r 219g 180b
202r 88g 104b
220r 111g 90b
0c 60m 100y 40k
10c 60m 100y 0k
0c 40m 30y 0k
10c 65m 30y 0k
0c 60m 30y 0k
161r 85g 11b
224r 126g 39b
248r 170g 158b
221r 119g 137b
244r 133g 141b

0c	80m	80y	0k	241r	90g	64b	
0c	55m	70y	0k	246r	140g	89b	
0c	35m	50y	0k	250r	179g	131b	
0c	100m	80y	35k	167r	9g	37b	
0c	100m	20y	0k	237r	6g	119b	

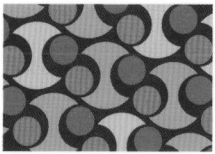

15c	60m	70y	30k	159r	93g	65b	
0c	40m	50y	10k	225r	153g	116b	
0c	15m	30y	0k	254r	219g	180b	
20c	55m	30y	20k	168r	111g	122b	
0c	65m	50y	10k	220r	111g	101b	

0c	30m	70y	10k	228r	169g	90b	
0c	35m	70y	0k	251r	177g	97b	
0c	15m	50y	0k	255r	217g	143b	
20c	75m	40y	0k	202r	98g	119b	
0c	40m	30y	10k	224r	155g	144b	

10c	65m	100y	40k	147r	77g	17b	
0c	60m	60y	0k	245r	132g	102b	
10c	40m	60y	0k	226r	162g	113b	
10c	65m	40y	20k	183r	99g	104b	
10c	65m	40y	0k	221r	119g	125b	

30c	70m	100y	0k	186r	104g	49b	
0c	45m	90y	20k	205r	130g	42b	
0c	55m	90y	0k	246r	139g	51b	
0c	20m	30y	0k	253r	209g	175b	
0c	15m	70y	0k	255r	215g	105b	

0c	80m	100y	0k	241r	90g	34b	
0c	65m	90y	0k	244r	121g	50b	
0c	50m	100y	0k	247r	147g	29b	
0c	25m	90y	0k	254r	194g	51b	
0c	5m	75y	0k	255r	232g	94b	

10c	50m	80y	0k	225r	143g	75b	
0c	30m	30y	0k	251r	189g	167b	
0c	25m	50y	0k	253r	197g	137b	
0c	10m	50y	0k	255r	225g	146b	
0c	0m	50y	0k	255r	247g	153b	

10c	65m	100y	40k	147r	77g	17b	
0c	75m	100y	30k	179r	75g	20b	
0c	80m	100y	0k	241r	90g	34b	
10c	30m	100y	0k	230r	177g	34b	
0c	15m	100y	0k	255r	212g	0b	

0c	60m	100y	40k	161r	85g	11b	
10c	50m	100y	0k	226r	143g	38b	
0c	60m	60y	0k	245r	132g	102b	
10c	40m	100y	0k	228r	160g	37b	
0c	15m	100y	20k	212r	176g	4b	

0c	35m	70y	20k	207r	147g	81b	
0c	35m	90y	0k	251r	176g	52b	
0c	40m	30y	0k	248r	170g	158b	
0c	25m	80y	20k	209r	161g	64b	
0c	20m	90y	10k	231r	185g	46b	

In this section, the chapter's orange hues are joined by complements and near-complements from the green, blue and violet chapters. Palettes of opposing hues such as these tend to be more visually active than monochromatic combinations or those made of hues from neighboring positions on the color wheel.

0c	30m	30y	0k		251r	189g	167b	
0c	15m	30y	0k		254r	219g	180b	
20c	15m	80y	0k		211r	198g	87b	

0c	55m	70y	0k		246r	140g	89b	
0c	35m	90y	0k		251r	176g	52b	
15c	0m	30y	0k		218r	234g	193b	

0c	60m	100y	40k		161r	85g	11b	
0c	45m	70y	0k		248r	158g	93b	
25c	0m	50y	20k		161r	185g	130b	

10c	60m	100y	0k		224r	126g	39b	
0c	25m	50y	0k		253r	197g	137b	
40c	0m	30y	0k		153r	212g	191b	

0c	40m	30y	0k		248r	170g	158b	
0c	20m	30y	0k		253r	209g	175b	
10c	15m	80y	20k		191r	170g	69b	

0c	25m	70y	0k		254r	196g	101b	
0c	5m	20y	0k		255r	239g	207b	
20c	20m	60y	20k		172r	159g	104b	

0c	45m	50y	0k		248r	159g	124b	
0c	15m	50y	0k		255r	217g	143b	
60c	0m	30y	0k		91r	196g	190b	

10c	65m	100y	40k		147r	77g	17b	
0c	80m	100y	0k		241r	90g	34b	
15c	0m	5y	5k		202r	226g	228b	

15c	60m	70y	30k		159r	93g	65b	
0c	20m	50y	10k		230r	188g	128b	
40c	10m	0y	0k		146r	197g	234b	

0c	55m	70y	0k		246r	140g	89b	
0c	15m	50y	0k		255r	217g	143b	
75c	40m	0y	0k		62r	133g	198b	

0c	50m	100y	0k		247r	147g	29b	
0c	20m	30y	0k		253r	209g	175b	
60c	0m	10y	30k		58r	150g	170b	

0c	80m	80y	0k		241r	90g	64b	
0c	35m	90y	0k		251r	176g	52b	
65c	0m	0y	30k		24r	148g	184b	

0c	30m	70y	10k		228r	169g	90b	
10c	20m	30y	0k		227r	201g	175b	
40c	20m	0y	20k		125r	152g	187b	

10c	65m	100y	40k		147r	77g	17b	
0c	80m	100y	0k		241r	90g	34b	
15c	15m	0y	0k		212r	209g	233b	

0c	45m	50y	0k		248r	159g	124b	
0c	30m	30y	0k		251r	189g	167b	
20c	30m	0y	0k		199r	178g	214b	
0c	55m	90y	0k		246r	139g	51b	
0c	35m	70y	0k		251r	177g	97b	
35c	40m	0y	20k		139r	127g	169b	
0c	25m	70y	0k		254r	196g	101b	
0c	5m	20y	0k		255r	239g	207b	
30c	90m	0y	0k		179r	63g	151b	
0c	30m	30y	0k		251r	189g	167b	
0c	15m	30y	0k		254r	219g	180b	
15c	50m	0y	10k		190r	132g	175b	
10c	55m	70y	30k		166r	101g	66b	
10c	50m	80y	0k		225r	143g	75b	
5c	50m	10y	20k		192r	124g	148b	

0c	80m	100y	0k	241r	90g	34b	
0c	65m	90y	0k	244r	121g	50b	
0c	45m	70y	0k	248r	158g	93b	
25c	0m	80y	0k	200r	220g	93b	

0c	40m	30y	0k	248r	170g	158b	
0c	25m	50y	0k	253r	197g	137b	
0c	15m	50y	0k	255r	217g	143b	
15c	0m	70y	20k	184r	191g	96b	

0c	55m	90y	0k	246r	139g	51b	
0c	35m	70y	0k	251r	177g	97b	
0c	25m	70y	0k	254r	196g	101b	
60c	0m	80y	0k	109r	192g	103b	

10c	55m	70y	30k	166r	101g	66b	
0c	45m	50y	0k	248r	159g	124b	
0c	20m	30y	0k	253r	209g	175b	
45c	0m	40y	0k	141r	207g	173b	

0c	60m	60y	0k	245r	132g	102b	
0c	20m	50y	10k	230r	188g	128b	
0c	15m	30y	0k	254r	219g	180b	
25c	30m	80y	30k	146r	127g	62b	

10c	50m	80y	0k		225r	143g	75b
10c	40m	60y	0k		226r	162g	113b
10c	20m	30y	0k		227r	201g	175b
25c	10m	40y	20k		161r	171g	139b
10c	60m	100y	0k		224r	126g	39b
0c	35m	90y	0k		251r	176g	52b
0c	35m	50y	0k		250r	179g	131b
40c	0m	40y	30k		115r	159g	132b
15c	60m	70y	30k		159r	93g	65b
0c	60m	60y	0k		245r	132g	102b
0c	15m	50y	0k		255r	217g	143b
55c	10m	20y	0k		112r	185g	198b
0c	55m	70y	0k		246r	140g	89b
0c	50m	100y	0k		247r	147g	29b
0c	5m	20y	0k		255r	239g	207b
80c	20m	0y	0k		0r	158g	219b
10c	50m	100y	0k		227r	143g	38b
0c	30m	70y	10k		228r	169g	90b
0c	15m	30y	10k		230r	199g	164b
80c	60m	0y	40k		42r	69g	122b

15c	60m	70y	30k		159r	93g	65b	
0c	35m	70y	20k		207r	147g	81b	
0c	35m	70y	0k		251r	177g	97b	
35c	0m	10y	30k		120r	165g	172b	

0c	55m	90y	0k	246r	139g	51b	
0c	35m	90y	0k	251r	176g	52b	
0c	15m	50y	0k	255r	217g	143b	
70c	20m	10y	20k	53r	137g	170b	

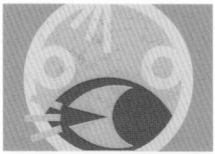

0c	75m	100y	30k	179r	75g	20b	
10c	50m	100y	0k	226r	143g	38b	
0c	65m	90y	0k	244r	121g	50b	
70c	20m	0y	20k	45r	137g	185b	

30c	70m	100y	0k	186r	104g	49b	
0c	45m	70y	0k	248r	158g	93b	
0c	25m	50y	0k	253r	197g	137b	
65c	50m	10y	40k	77r	83g	118b	

0c	80m	80y	0k	241r	90g	64b	
0c	45m	50y	0k	248r	159g	124b	
0c	25m	70y	0k	254r	196g	101b	
45c	60m	0y	0k	148r	116g	180b	

10c	55m	70y	30k	166r	101g	66b	
0c	35m	50y	0k	250r	179g	131b	
0c	20m	30y	0k	253r	209g	175b	
45c	60m	0y	0k	148r	116g	180b	

10c	65m	100y	40k	147r	77g	17b	
20c	40m	50y	0k	205r	157g	129b	
0c	50m	100y	0k	247r	147g	29b	
15c	40m	0y	0k	210r	163g	203b	

0c	55m	100y	20k	203r	115g	23b	
0c	55m	70y	0k	246r	140g	89b	
0c	20m	50y	10k	230r	188g	128b	
30c	50m	0y	20k	148r	115g	160b	

0c	60m	60y	0k	245r	132g	102b	
0c	30m	70y	10k	228r	169g	90b	
0c	30m	30y	0k	251r	189g	167b	
25c	70m	20y	40k	128r	69g	98b	

10c	60m	100y	0k	224r	126g	39b	
10c	40m	60y	0k	226r	162g	113b	
0c	15m	30y	0k	254r	219g	180b	
5c	40m	10y	20k	193r	140g	157b	

0c	65m	90y	0k	244r	121g	50b	
0c	35m	70y	0k	251r	177g	97b	
0c	25m	70y	0k	254r	196g	101b	
0c	15m	30y	0k	254r	219g	180b	
60c	0m	80y	0k	109r	192g	103b	

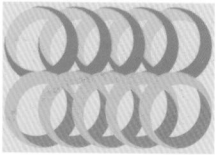

0c	45m	50y	0k	248r	159g	124b	
0c	30m	30y	0k	251r	189g	167b	
0c	25m	50y	0k	253r	197g	137b	
10c	5m	60y	0k	233r	224g	131b	
5c	0m	40y	0k	244r	243g	173b	

15c	60m	70y	30k	159r	93g	65b	
0c	55m	70y	0k	246r	140g	89b	
0c	35m	50y	0k	250r	179g	131b	
20c	20m	60y	20k	172r	159g	104b	
10c	5m	30y	5k	217r	216g	178b	

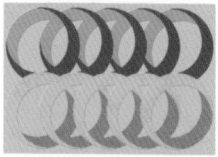

10c	65m	100y	40k	147r	77g	17b	
0c	45m	70y	30k	183r	118g	68b	
0c	20m	30y	0k	253r	209g	175b	
45c	0m	40y	0k	141r	207g	173b	
15c	0m	30y	0k	218r	234g	193b	

10c	50m	80y	0k	225r	143g	75b	
0c	15m	50y	0k	255r	217g	143b	
0c	5m	20y	0k	255r	239g	207b	
25c	0m	30y	20k	159r	188g	161b	
40c	0m	30y	0k	153r	212g	191b	

0c	80m	80y	0k	241r	90g	64b	
0c	45m	70y	0k	248r	158g	93b	
0c	20m	30y	0k	253r	209g	175b	
40c	55m	70y	40k	109r	82g	61b	
10c	10m	60y	10k	209r	195g	118b	

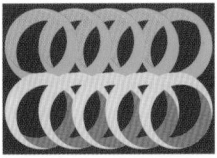

10c	60m	100y	0k	224r	126g	39b	
0c	30m	70y	10k	228r	169g	90b	
0c	15m	30y	10k	230r	199g	164b	
30c	15m	30y	30k	135r	147g	136b	
25c	10m	40y	20k	161r	171g	139b	

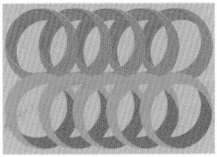

0c	75m	100y	30k	179r	75g	20b	
0c	45m	90y	20k	205r	130g	42b	
0c	20m	50y	10k	230r	188g	128b	
0c	20m	30y	0k	253r	209g	175b	
40c	10m	0y	0k	146r	197g	234b	

0c	35m	70y	20k	207r	147g	81b	
0c	35m	90y	0k	251r	176g	52b	
0c	10m	20y	10k	230r	208g	185b	
40c	0m	10y	20k	122r	179g	190b	
15c	0m	5y	5k	202r	226g	228b	

10c	40m	60y	0k	226r	162g	113b	
0c	30m	30y	0k	251r	189g	167b	
10c	20m	30y	0k	227r	201g	175b	
45c	10m	10y	20k	114r	161g	180b	
35c	0m	10y	30k	120r	165g	172b	

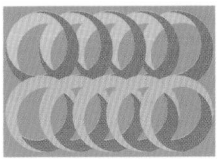

0c	50m	100y	0k	247r	147g	29b	
0c	20m	50y	10k	230r	188g	128b	
0c	15m	30y	10k	230r	199g	164b	
90c	0m	0y	50k	0r	107g	145b	
70c	20m	0y	20k	45r	137g	185b	

10c	55m	70y	30k	166r	101g	66b	
0c	35m	50y	0k	250r	179g	131b	
0c	25m	70y	0k	254r	196g	101b	
25c	20m	0y	10k	170r	175g	206b	
35c	10m	20y	0k	166r	199g	199b	

0c	35m	70y	20k	207r	147g	81b	
0c	30m	70y	10k	228r	169g	90b	
0c	10m	20y	10k	230r	208g	185b	
80c	20m	0y	0k	0r	158g	219b	
40c	0m	10y	20k	122r	179g	190b	

10c	65m	100y	40k	147g	77g	17b	
0c	55m	70y	20k	203r	116g	73b	
0c	60m	60y	0k	245r	132g	102b	
40c	30m	10y	40k	104r	111g	132b	
35c	10m	0y	30k	120r	152g	178b	

0c	80m	80y	0k	241r	90g	64b	
0c	35m	90y	0k	251r	176g	52b	
0c	25m	50y	0k	253r	197g	137b	
0c	15m	30y	0k	254r	219g	180b	
10c	50m	0y	0k	219r	147g	192b	

0c	60m	100y	40k		161r	85g	11b
0c	55m	70y	0k		246r	140g	89b
0c	35m	70y	0k		251r	177g	97b
15c	40m	0y	0k		210r	163g	203b
10c	20m	0y	0k		223r	204g	228b

0c	40m	30y	0k		248r	170g	158b
0c	30m	30y	0k		251r	189g	167b
0c	20m	30y	0k		253r	209g	175b
5c	60m	0y	10k		208r	119g	166b
5c	30m	0y	0k		233r	188g	216b

10c	50m	100y	0k		226r	143g	38b
0c	45m	50y	0k		248r	159g	124b
0c	15m	50y	0k		255r	217g	143b
50c	80m	20y	40k		97r	51g	93b
45c	40m	0y	20k		120r	123g	168b

15c	60m	70y	30k		159r	93g	65b
0c	45m	70y	0k		248r	158g	93b
0c	25m	70y	0k		254r	196g	101b
10c	30m	10y	20k		185r	153g	165b
0c	25m	0y	10k		225r	184g	203b

0c	55m	70y	20k		203r	116g	73b
10c	60m	100y	0k		224r	126g	39b
0c	65m	90y	0k		244r	121g	50b
30c	40m	10y	40k		120r	104g	126b
20c	20m	0y	20k		166r	164g	189b

In the following samples, this chapter's orange hues are added to palettes dominated by a broad range of neutral colors. Some of the neutrals are brown or skin tones; others are grays that contain suggestions of a particular hue. Simple grays (tints of black) are featured in the section that follows.

0c	60m	60y	0k		245r	132g	102b	
0c	5m	20y	50k		148r	140g	123b	
0c	5m	20y	20k		211r	198g	173b	

0c	30m	30y	0k		251r	189g	167b	
20c	30m	30y	10k		186r	160g	152b	
5c	20m	30y	10k		216r	186g	160b	

0c	35m	50y	0k		250r	179g	131b	
10c	5m	0y	50k		130r	136g	146b	
10c	15m	0y	20k		185r	177g	195b	

0c	35m	70y	0k		251r	177g	97b	
40c	55m	70y	40k		109r	82g	61b	
20c	30m	50y	20k		171r	145g	113b	

0c	35m	90y	0k		251r	176g	52b	
30c	70m	100y	40k		122r	68g	24b	
10c	45m	40y	40k		149r	103g	93b	
0c	80m	80y	0k		241r	90g	64b	
0c	30m	40y	60k		127r	95g	76b	
20c	10m	20y	30k		152r	159g	152b	
0c	65m	90y	0k		244r	121g	50b	
0c	10m	40y	50k		148r	132g	98b	
0c	15m	20y	20k		209r	183g	166b	
0c	45m	70y	0k		248r	158g	93b	
0c	10m	30y	60k		129r	116g	95b	
10c	10m	0y	30k		166r	166g	181b	
0c	25m	50y	0k		253r	197g	137b	
20c	30m	20y	20k		169r	148g	153b	
20c	15m	20y	10k		185r	185g	179b	

10c	50m	80y	0k	225r	143g	75b	
0c	30m	50y	40k	166r	125g	89b	
0c	10m	10y	20k	209r	191g	184b	

10c	50m	100y	0k	226r	143g	38b	
30c	10m	20y	40k	118r	137g	136b	
5c	0m	10y	40k	158r	164g	156b	

0c	35m	70y	20k	207r	147g	81b	
20c	30m	20y	20k	169r	148g	153b	
10c	10m	10y	10k	205r	201g	199b	

0c	20m	50y	10k	230r	188g	128b	
0c	15m	20y	60k	128r	112g	102b	
0c	10m	20y	30k	188r	171g	153b	

10c	40m	60y	0k	226r	162g	113b	
0c	10m	40y	30k	189r	169g	125b	
0c	5m	20y	20k	211r	198g	173b	

0c	40m	30y	0k		248r	170g	158b	
10c	15m	0y	50k		130r	126g	139b	
10c	5m	0y	20k		185r	192g	205b	
5c	0m	10y	20k		198r	204g	193b	

0c	55m	70y	0k		246r	140g	89b	
50c	40m	30y	40k		92r	96g	106b	
30c	45m	40y	40k		122r	97g	94b	
5c	0m	20y	70k		103r	107g	94b	

0c	45m	50y	0k		248r	159g	124b	
0c	5m	20y	50k		148r	140g	123b	
5c	10m	30y	10k		218r	202g	168b	
0c	10m	40y	10k		231r	206g	151b	

0c	20m	30y	0k		253r	209g	175b	
30c	40m	60y	30k		137r	114g	86b	
10c	15m	40y	20k		189r	174g	136b	
5c	20m	10y	20k		196r	172g	175b	

0c	15m	30y	0k		254r	219g	180b	
0c	10m	30y	40k		168r	152g	124b	
0c	10m	20y	20k		210r	190g	170b	
0c	5m	20y	10k		231r	217g	189b	

0c	50m	100y	0k	247r	147g	29b	
40c	60m	80y	30k	123r	87g	56b	
25c	40m	50y	20k	161r	129g	107b	
20c	30m	30y	10k	186r	160g	152b	

0c	15m	50y	0k	255r	217g	143b	
40c	40m	30y	40k	107r	100g	106b	
5c	0m	10y	50k	139r	145g	138b	
10c	5m	0y	30k	167r	173g	185b	

0c	80m	100y	0k	241r	90g	34b	
0c	10m	20y	70k	109r	99g	89b	
0c	10m	30y	30k	189r	170g	139b	
0c	5m	20y	10k	231r	217g	189b	

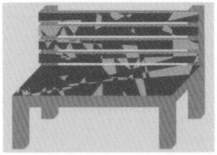

0c	55m	90y	0k	246r	139g	51b	
0c	10m	40y	70k	110r	98g	70b	
5c	0m	20y	60k	122r	126g	111b	
0c	5m	20y	20k	211r	198g	173b	

10c	50m	100y	0k	226r	143g	38b	
50c	40m	30y	40k	92r	96g	106b	
30c	10m	20y	40k	118r	137g	136b	
20c	20m	20y	10k	185r	177g	175b	

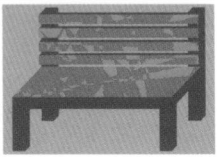

0c	55m	70y	20k		203r	116g	73b	
0c	30m	50y	60k		127r	95g	66b	
0c	20m	20y	30k		187r	158g	146b	
0c	10m	10y	20k		209r	191g	184b	

0c	40m	70y	20k		206r	139g	79b	
10c	15m	0y	70k		97r	92g	104b	
10c	10m	0y	60k		114r	114g	125b	
10c	5m	0y	50k		130r	136g	146b	

10c	60m	100y	0k	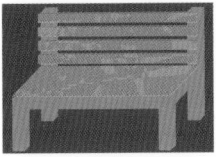	224r	126g	39b	
25c	60m	100y	40k		129r	80g	23b	
0c	10m	40y	40k		168r	151g	112b	
10c	20m	50y	20k		189r	165g	118b	

0c	30m	70y	10k	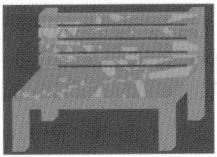	228r	169g	90b	
50c	40m	30y	40k		92r	96g	106b	
30c	30m	20y	20k		150r	143g	152b	
20c	10m	20y	30k		152r	159g	152b	

0c	35m	70y	20k		207r	147g	81b	
0c	10m	20y	70k		109r	99g	89b	
0c	10m	30y	50k		148r	133g	109b	
0c	10m	20y	20k		210r	190g	170b	

0c	35m	70y	0k	251r	177g	97b	
0c	10m	40y	70k	110r	98g	70b	
0c	5m	20y	50k	148r	140g	123b	
0c	5m	20y	30k	189r	178g	157b	
0c	5m	20y	10k	231r	217g	189b	

0c	80m	80y	0k	241r	90g	64b	
40c	55m	70y	40k	109r	82g	61b	
5c	0m	10y	70k	103r	107g	102b	
5c	0m	20y	50k	139r	144g	127b	
5c	0m	10y	20k	198r	204g	193b	

0c	55m	70y	0k	246r	140g	89b	
0c	30m	30y	0k	251r	189g	167b	
25c	60m	80y	40k	129r	80g	46b	
0c	20m	20y	40k	166r	141g	131b	
5c	20m	30y	10k	216r	186g	160b	

0c	45m	70y	0k	248r	158g	93b	
0c	25m	50y	0k	253r	197g	137b	
50c	40m	30y	40k	92r	96g	106b	
5c	0m	20y	60k	122r	126g	111b	
10c	20m	50y	20k	189r	165g	118b	

0c	45m	50y	0k	248r	159g	124b	
0c	40m	30y	0k	248r	170g	158b	
0c	10m	30y	70k	109r	98g	80b	
25c	40m	50y	20k	161r	129g	107b	
0c	5m	20y	10k	231r	217g	189b	

0c	35m	50y	0k	250r	179g	131b	
0c	15m	50y	0k	255r	217g	143b	
10c	5m	0y	60k	114r	119g	128b	
10c	10m	0y	40k	148r	148g	162b	
10c	15m	0y	20k	185r	177g	195b	

0c	65m	90y	0k	244r	121g	50b	
0c	50m	100y	0k	247r	147g	29b	
0c	15m	20y	70k	109r	95g	87b	
0c	25m	30y	50k	146r	117g	101b	
0c	10m	20y	20k	210r	190g	170b	

10c	50m	100y	0k	226r	143g	38b	
0c	35m	90y	0k	251r	176g	52b	
0c	30m	50y	60k	127r	95g	66b	
0c	10m	40y	50k	148r	132g	98b	
10c	30m	20y	20k	186r	153g	153b	

0c	60m	60y	0k	245r	132g	102b	
0c	15m	30y	0k	254r	219g	180b	
0c	30m	40y	60k	127r	95g	76b	
30c	40m	60y	30k	137r	114g	86b	
20c	10m	20y	20k	169r	176g	168b	

20c	55m	70y	0k	205r	132g	92b	
0c	45m	70y	0k	248r	158g	93b	
5c	0m	20y	70k	103r	107g	94b	
5c	0m	20y	50k	139r	144g	127b	
5c	0m	10y	20k	198r	204g	193b	

In this final section of chapter 4, the orange hues are combined with black and tints of black. Consider ideas such as these when seeking ideas for jobs that are limited to black plus one other color of ink. Explore palette solutions where black inks are given prominence, as well as those where the color is allowed to dominate the scheme.

0c	20m	30y	0k	253r	209g	175b	
0c	0m	0y	100k	0r	0g	0b	
0c	0m	0y	70k	111r	111g	111b	

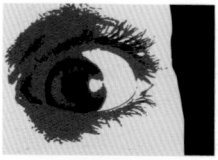

0c	35m	70y	0k	251r	177g	97b	
0c	0m	0y	100k	0r	0g	0b	
0c	0m	0y	10k	231r	231g	231b	

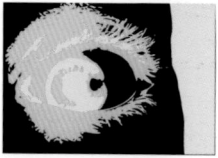

0c	15m	30y	0k	254r	219g	180b	
0c	0m	0y	100k	0r	0g	0b	
0c	0m	0y	70k	111r	111g	111b	

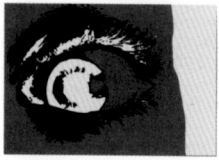

0c	25m	70y	0k	254r	196g	101b	
0c	0m	0y	100k	0r	0g	0b	
0c	0m	0y	40k	169r	169g	169b	

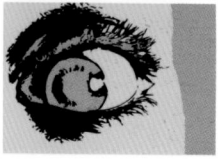

0c	60m	60y	0k	245r	132g	102b	
0c	0m	0y	100k	0r	0g	0b	
0c	0m	0y	20k	211r	211g	211b	

0c	55m	70y	0k	246r	140g	89b	
0c	0m	0y	100k	0r	0g	0b	
0c	0m	0y	80k	89r	89g	89b	

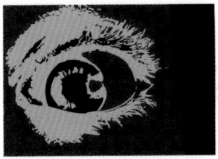

0c	40m	70y	20k	206r	139g	79b	
0c	0m	0y	100k	0r	0g	0b	
0c	0m	0y	60k	130r	130g	130b	

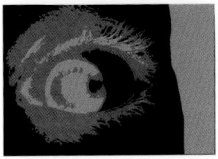

0c	50m	100y	0k	247r	147g	29b	
0c	0m	0y	100k	0r	0g	0b	
0c	0m	0y	10k	231r	231g	231b	

0c	15m	50y	0k	255r	217g	143b	
0c	0m	0y	100k	0r	0g	0b	
0c	0m	0y	30k	189r	189g	189b	

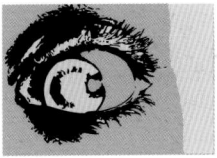

0c	55m	90y	0k		246r	139g	51b
0c	0m	0y	100k		0r	0g	0b
0c	0m	0y	80k		89r	89g	89b

0c	35m	90y	0k		251r	176g	52b
0c	0m	0y	100k		0r	0g	0b
0c	0m	0y	60k		130r	130g	130b

10c	50m	80y	0k		225r	143g	75b
0c	0m	0y	100k		0r	0g	0b
0c	0m	0y	20k		211r	211g	211b

10c	50m	100y	0k		226r	143g	38b
0c	0m	0y	100k		0r	0g	0b
0c	0m	0y	70k		111r	111g	111b

0c	25m	50y	20k		208r	164g	115b
0c	0m	0y	100k		0r	0g	0b
0c	0m	0y	20k		211r	211g	211b

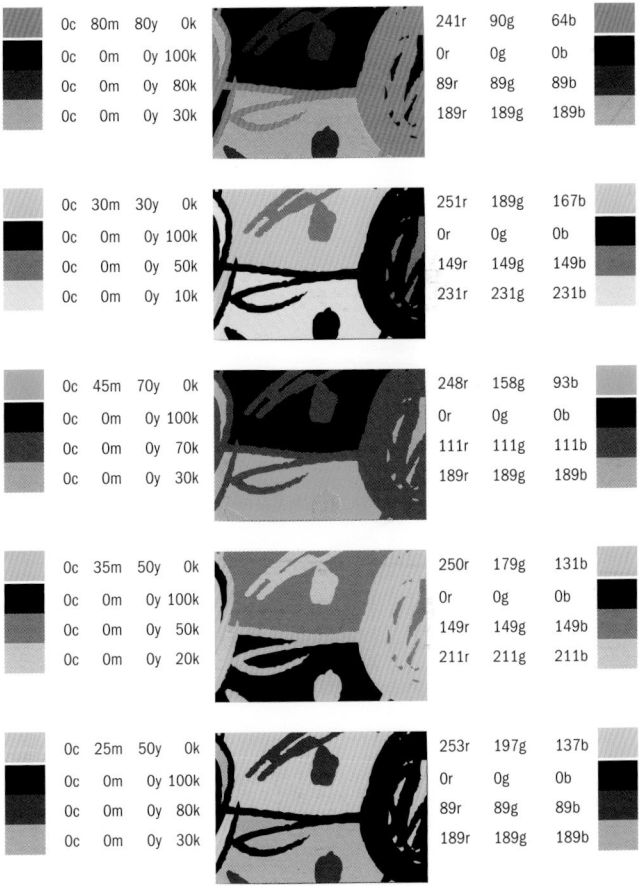
0c 80m 80y 0k
0c 0m 0y 100k
0c 0m 0y 80k
0c 0m 0y 30k
241r 90g 64b
0r 0g 0b
89r 89g 89b
189r 189g 189b
0c 30m 30y 0k
0c 0m 0y 100k
0c 0m 0y 50k
0c 0m 0y 10k
251r 189g 167b
0r 0g 0b
149r 149g 149b
231r 231g 231b
0c 45m 70y 0k
0c 0m 0y 100k
0c 0m 0y 70k
0c 0m 0y 30k
248r 158g 93b
0r 0g 0b
111r 111g 111b
189r 189g 189b
0c 35m 50y 0k
0c 0m 0y 100k
0c 0m 0y 50k
0c 0m 0y 20k
250r 179g 131b
0r 0g 0b
149r 149g 149b
211r 211g 211b
0c 25m 50y 0k
0c 0m 0y 100k
0c 0m 0y 80k
0c 0m 0y 30k
253r 197g 137b
0r 0g 0b
89r 89g 89b
189r 189g 189b

0c	40m	30y	0k	248r	170g	158b	
0c	0m	0y	100k	0r	0g	0b	
0c	0m	0y	70k	111r	111g	111b	
0c	0m	0y	30k	189r	189g	189b	

0c	80m	100y	0k	241r	90g	34b	
0c	0m	0y	100k	0r	0g	0b	
0c	0m	0y	60k	130r	130g	130b	
0c	0m	0y	50k	149r	149g	149b	

0c	65m	90y	0k	244r	121g	50b	
0c	0m	0y	100k	0r	0g	0b	
0c	0m	0y	80k	89r	89g	89b	
0c	0m	0y	60k	130r	130g	130b	

0c	20m	30y	0k	253r	209g	175b	
0c	0m	0y	100k	0r	0g	0b	
0c	0m	0y	40k	169r	169g	169b	
0c	0m	0y	10k	231r	231g	231b	

0c	5m	20y	0k	255r	239g	207b	
0c	0m	0y	100k	0r	0g	0b	
0c	0m	0y	50k	149r	149g	149b	
0c	0m	0y	30k	189r	189g	189b	

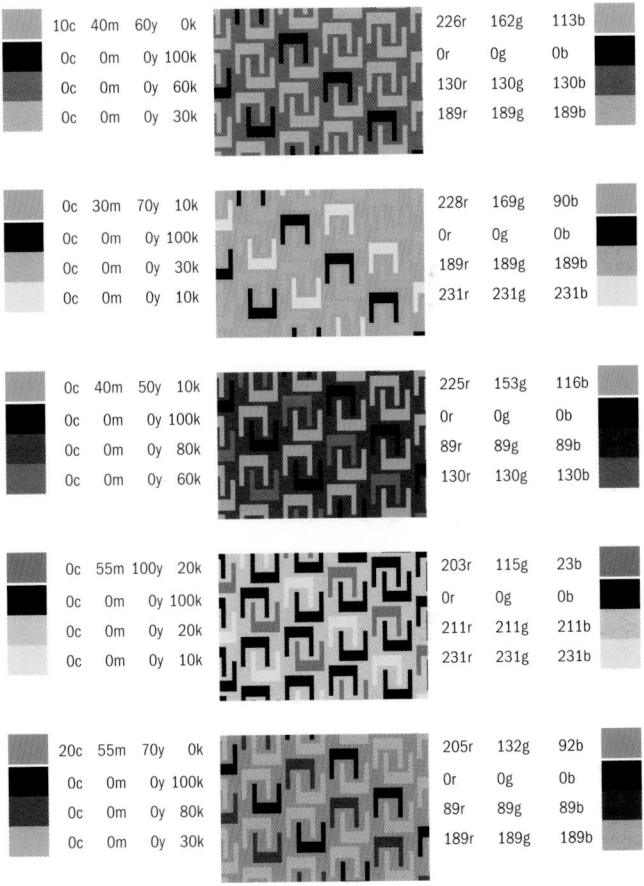
10c 40m 60y 0k
0c 0m 0y 100k
0c 0m 0y 60k
0c 0m 0y 30k
226r 162g 113b
0r 0g 0b
130r 130g 130b
189r 189g 189b
0c 30m 70y 10k
0c 0m 0y 100k
0c 0m 0y 30k
0c 0m 0y 10k
228r 169g 90b
0r 0g 0b
189r 189g 189b
231r 231g 231b
0c 40m 50y 10k
0c 0m 0y 100k
0c 0m 0y 80k
0c 0m 0y 60k
225r 153g 116b
0r 0g 0b
89r 89g 89b
130r 130g 130b
0c 55m 100y 20k
0c 0m 0y 100k
0c 0m 0y 20k
0c 0m 0y 10k
203r 115g 23b
0r 0g 0b
211r 211g 211b
231r 231g 231b
20c 55m 70y 0k
0c 0m 0y 100k
0c 0m 0y 80k
0c 0m 0y 30k
205r 132g 92b
0r 0g 0b
89r 89g 89b
189r 189g 189b

0c	55m	70y	0k	246r	140g	89b	
0c	0m	0y	100k	0r	0g	0b	
0c	0m	0y	70k	111r	111g	111b	
0c	0m	0y	50k	149r	149g	149b	
0c	0m	0y	10k	231r	231g	231b	

0c	45m	70y	0k	248r	158g	93b	
0c	25m	50y	0k	253r	197g	137b	
0c	0m	0y	100k	0r	0g	0b	
0c	0m	0y	60k	130r	130g	130b	
0c	0m	0y	50k	149r	149g	149b	

0c	60m	60y	0k	245r	132g	102b	
0c	45m	50y	0k	248r	159g	124b	
0c	0m	0y	100k	0r	0g	0b	
0c	0m	0y	70k	111r	111g	111b	
0c	0m	0y	30k	189r	189g	189b	

0c	30m	70y	10k	228r	169g	90b	
0c	25m	70y	0k	254r	196g	101b	
0c	0m	0y	100k	0r	0g	0b	
0c	0m	0y	70k	111r	111g	111b	
0c	0m	0y	40k	169r	169g	169b	

0c	80m	80y	0k	241r	90g	64b	
0c	35m	70y	0k	251r	177g	97b	
0c	0m	0y	100k	0r	0g	0b	
0c	0m	0y	30k	189r	189g	189b	
0c	0m	0y	10k	231r	231g	231b	

0c	20m	50y	10k	230r	188g	128b	
0c	35m	50y	0k	250r	179g	131b	
0c	0m	0y	100k	0r	0g	0b	
0c	0m	0y	70k	111r	111g	111b	
0c	0m	0y	10k	231r	231g	231b	

0c	45m	90y	20k	205r	130g	42b	
0c	50m	100y	0k	247r	147g	29b	
0c	0m	0y	100k	0r	0g	0b	
0c	0m	0y	70k	111r	111g	111b	
0c	0m	0y	40k	169r	169g	169b	

30c	70m	100y	0k	186r	104g	49b	
0c	55m	90y	0k	246r	139g	51b	
0c	0m	0y	100k	0r	0g	0b	
0c	0m	0y	20k	211r	211g	211b	
0c	0m	0y	10k	231r	231g	231b	

0c	80m	100y	0k	241r	90g	34b	
10c	50m	100y	0k	226r	143g	38b	
0c	0m	0y	100k	0r	0g	0b	
0c	0m	0y	60k	130r	130g	130b	
0c	0m	0y	30k	189r	189g	189b	

10c	50m	80y	0k	225r	143g	75b	
0c	35m	90y	0k	251r	176g	52b	
0c	0m	0y	100k	0r	0g	0b	
0c	0m	0y	80k	89r	89g	89b	
0c	0m	0y	10k	231r	231g	231b	

5: YELLOW

Hues ranging from orange-yellow to yellow-green;
saturations from intense to muted;
values from light to dark.

CHAPTER CONTENTS:

226-227
Expansion Palettes*

228-235
Combinations of Yellow Hues

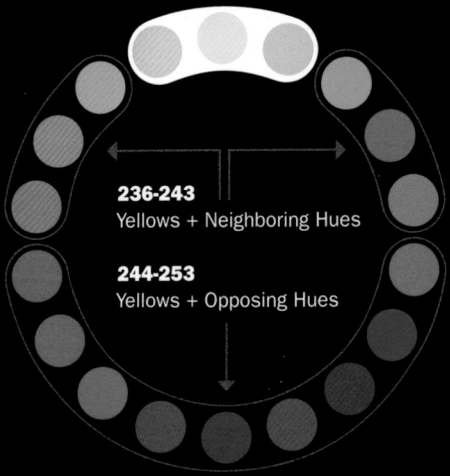

236-243
Yellows + Neighboring Hues

244-253
Yellows + Opposing Hues

254-259
Yellows + Neutral Hues

260-265
Yellows + Black and Tints of Black

* *See pages 12-14 for more information about expansion palettes.*

EXPANSION PALETTES: **YELLOW** HUES FEATURED IN THIS CHAPTER

CMYK PERCENTAGES:					RGB VALUES:		
0c	25m	90y	0k		254r	194g	51b
0c	15m	70y	0k		255r	215g	105b
0c	10m	50y	0k		255r	225g	146b
0c	5m	30y	0k		255r	238g	188b
0c	15m	100y	0k		255r	212g	0b
0c	10m	80y	0k		255r	222g	79b
0c	5m	50y	0k		255r	235g	149b
0c	3m	40y	0k		255r	240g	170b
0c	5m	100y	0k		255r	230g	0b
0c	5m	75y	0k		255r	232g	94b
0c	0m	50y	0k		255r	247g	153b
0c	0m	25y	0k		255r	251g	203b
10c	40m	100y	0k		228r	160g	37b
10c	30m	100y	0k		230r	177g	34b
5c	20m	50y	0k		240r	202g	140b
5c	10m	30y	0k		241r	223g	183b

CMYK PERCENTAGES:

RGB VALUES:

0c	25m	100y	20k	209r	160g	13b
0c	20m	90y	10k	231r	185g	46b
0c	10m	60y	10k	233r	203g	116b
0c	5m	40y	10k	233r	214g	154b
0c	35m	100y	30k	186r	131g	13b
0c	25m	80y	20k	209r	161g	64b
0c	15m	50y	20k	210r	180g	120b
0c	5m	30y	10k	232r	216g	172b
25c	60m	100y	40k	129r	80g	23b
15c	40m	100y	30k	161r	118g	25b
10c	20m	50y	20k	189r	165g	118b
5c	10m	30y	10k	218r	202g	168b
0c	15m	100y	20k	212r	176g	4b
0c	10m	100y	10k	234r	200g	0b
0c	5m	70y	10k	234r	211g	99b
0c	5m	50y	5k	244r	223g	142b

The yellow chapter opens with monochromatic and near-monochromatic sets of colors. The hues in these samples come from this chapter's expansion palettes (previous spread). Monochromatic schemes tend to be more visually sedate than those built with hues from opposing positions on the color wheel.

0c	25m	90y	0k		254r	194g	51b	
0c	10m	80y	0k		255r	222g	79b	
0c	0m	25y	0k		255r	251g	203b	

0c	25m	90y	0k		254r	194g	51b	
0c	15m	70y	0k		255r	215g	105b	
0c	5m	30y	0k		255r	238g	188b	

0c	15m	50y	20k		210r	180g	120b	
5c	20m	50y	0k		240r	202g	140b	
0c	5m	75y	0k		255r	232g	94b	

10c	40m	100y	0k		228r	160g	37b	
0c	10m	60y	10k		233r	203g	116b	
0c	10m	50y	0k		255r	225g	146b	

10c	20m	50y	20k		189r	165g	118b	
0c	5m	50y	5k		244r	223g	142b	
0c	5m	50y	0k		255r	235g	149b	
5c	10m	30y	10k		218r	202g	168b	
5c	10m	30y	10k		241r	223g	183b	
0c	3m	40y	0k		255r	240g	170b	
15c	40m	100y	30k		161r	118g	25b	
0c	25m	100y	20k		209r	160g	13b	
0c	5m	100y	0k		255r	230g	0b	
0c	5m	40y	10k		233r	214g	154b	
0c	5m	30y	10k		232r	216g	172b	
0c	0m	50y	0k		255r	247g	153b	
0c	25m	80y	20k		209r	161g	64b	
0c	20m	90y	10k		231r	185g	46b	
5c	20m	50y	0k		240r	202g	140b	

0c	35m	100y	30k	186r	131g	13b	
0c	15m	100y	20k	212r	176g	4b	
0c	25m	90y	0k	254r	194g	51b	

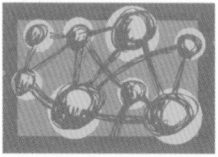

0c	20m	90y	10k	231r	185g	46b	
0c	10m	80y	0k	255r	222g	79b	
5c	10m	30y	0k	241r	223g	183b	

10c	20m	50y	20k	189r	165g	118b	
5c	20m	50y	0k	240r	202g	140b	
0c	0m	50y	0k	255r	247g	153b	

15c	40m	100y	30k	161r	118g	25b	
10c	40m	100y	0k	228r	160g	37b	
0c	10m	100y	10k	234r	200g	0b	

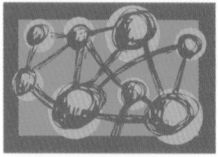

0c	25m	100y	20k	209r	160g	13b	
0c	10m	60y	10k	233r	203g	116b	
0c	5m	40y	10k	233r	214g	154b	

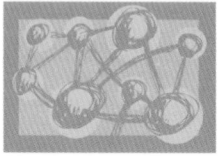

25c	60m	100y	40k	129r	80g	23b	
10c	40m	100y	0k	228r	160g	37b	
0c	15m	50y	20k	210r	180g	120b	
0c	15m	70y	0k	255r	215g	105b	

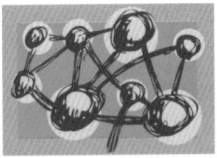

0c	25m	80y	20k	209r	161g	64b	
0c	5m	70y	10k	234r	211g	99b	
0c	5m	50y	5k	244r	223g	142b	
0c	5m	30y	0k	255r	238g	188b	

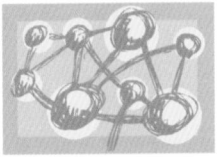

15c	40m	100y	30k	161r	118g	25b	
0c	15m	50y	20k	210r	180g	120b	
5c	10m	30y	10k	218r	202g	168b	
0c	0m	25y	0k	255r	251g	203b	

0c	35m	100y	30k	186r	131g	13b	
0c	25m	100y	20k	209r	160g	13b	
0c	10m	100y	10k	234r	200g	0b	
0c	10m	50y	0k	255r	225g	146b	

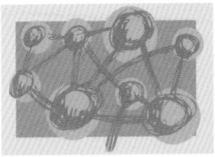

0c	15m	100y	20k	212r	176g	4b	
0c	10m	80y	0k	255r	222g	79b	
5c	20m	50y	0k	240r	202g	140b	
0c	3m	40y	0k	255r	240g	170b	

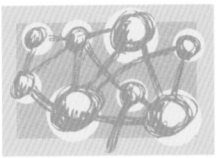

10c	30m	100y	0k	230r	177g	34b	
0c	15m	100y	0k	255r	212g	0b	
0c	5m	50y	0k	255r	235g	149b	
0c	0m	25y	0k	255r	251g	203b	

15c	40m	100y	30k	161r	118g	25b	
0c	25m	100y	20k	209r	160g	13b	
0c	25m	90y	0k	254r	194g	51b	
0c	10m	50y	0k	255r	225g	146b	

0c	15m	50y	20k	210r	180g	120b	
5c	20m	50y	0k	240r	202g	140b	
0c	5m	100y	0k	255r	230g	0b	
0c	0m	50y	0k	255r	247g	153b	

10c	40m	100y	0k	228r	160g	37b	
0c	20m	90y	10k	231r	185g	46b	
0c	15m	70y	0k	255r	215g	105b	
0c	5m	30y	0k	255r	238g	188b	

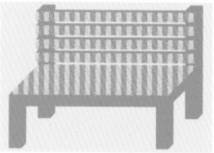

10c	20m	50y	20k	189r	165g	118b	
0c	5m	70y	10k	234r	211g	99b	
0c	5m	30y	10k	232r	216g	172b	
0c	3m	40y	0k	255r	240g	170b	

25c	60m	100y	40k	129r	80g	23b	
0c	35m	100y	30k	186r	131g	13b	
0c	15m	100y	20k	212r	176g	4b	
0c	20m	90y	10k	231r	185g	46b	

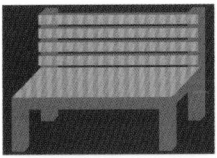

0c	25m	80y	20k	209r	161g	64b	
0c	10m	100y	10k	234r	200g	0b	
5c	10m	30y	10k	218r	202g	268b	
0c	5m	50y	5k	244r	223g	142b	

15c	40m	100y	30k	161r	118g	25b	
10c	40m	100y	0k	228r	160g	37b	
10c	30m	100y	0k	230r	177g	34b	
0c	10m	80y	0k	255r	222g	79b	

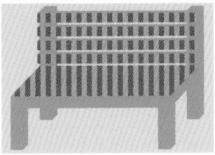

10c	20m	50y	20k	189r	165g	118b	
0c	15m	50y	20k	210r	180g	120b	
0c	10m	60y	10k	233r	203g	116b	
0c	0m	50y	0k	255r	247g	153b	

10c	20m	50y	20k	189r	165g	118b	
0c	15m	100y	20k	212r	176g	4b	
5c	20m	50y	0k	240r	202g	140b	
0c	5m	40y	10k	233r	214g	154b	

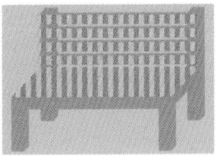

0c	25m	100y	20k	209r	160g	13b	
10c	40m	100y	0k	228r	160g	37b	
0c	25m	90y	0k	254r	194g	51b	
0c	15m	100y	0k	255r	212g	0b	
0c	5m	75y	0k	255r	232g	94b	

0c	15m	50y	20k	210r	180g	120b	
0c	10m	60y	10k	233r	203g	116b	
0c	10m	50y	0k	255r	225g	146b	
0c	5m	50y	0k	255r	235g	149b	
0c	0m	25y	0k	255r	251g	203b	

0c	35m	100y	30k	186r	131g	13b	
0c	25m	80y	20k	209r	161g	64b	
10c	30m	100y	0k	230r	177g	34b	
5c	20m	50y	0k	240r	202g	140b	
5c	10m	30y	0k	241r	223g	183b	

15c	40m	100y	30k	161r	118g	25b	
10c	20m	50y	20k	189r	165g	118b	
0c	15m	100y	20k	212r	176g	4b	
0c	10m	100y	10k	234r	200g	0b	
0c	5m	100y	0k	255r	230g	0b	

10c	40m	100y	0k	228r	160g	37b	
0c	20m	90y	10k	231r	185g	46b	
0c	5m	30y	10k	232r	216g	172b	
0c	5m	50y	5k	244r	223g	142b	
0c	5m	30y	0k	255r	238g	188b	

25c	60m	100y	40k	129r	80g	23b	
0c	35m	100y	30k	186r	131g	13b	
0c	25m	100y	20k	209r	160g	13b	
0c	15m	100y	20k	212r	176g	4b	
5c	20m	50y	0k	240r	202g	140b	

15c	40m	100y	30k	116r	118g	25b	
0c	25m	80y	20k	209r	161g	64b	
0c	20m	90y	10k	231r	185g	46b	
0c	10m	100y	10k	234r	200g	0b	
5c	10m	30y	0k	241r	223g	183b	

0c	15m	100y	20k	212r	176g	4b	
10c	30m	100y	0k	230r	177g	34b	
0c	25m	90y	0k	254r	194g	51b	
0c	5m	40y	10k	233r	214g	154b	
0c	5m	30y	0k	255r	238g	188b	

10c	20m	50y	20k	189r	165g	118b	
0c	15m	50y	20k	210r	180g	120b	
0c	5m	30y	10k	232r	216g	172b	
0c	5m	50y	0k	255r	235g	149b	
0c	3m	40y	0k	255r	240g	170b	

25c	60m	100y	40k	129r	80g	23b	
15c	40m	10y	30k	161r	118g	25b	
0c	35m	100y	30k	186r	131g	13b	
0c	25m	80y	20k	209r	161g	64b	
0c	5m	70y	10k	234r	211g	99b	

The next eight pages feature palettes of this chapter's yellow hues along with analogous and near-analogous colors from the orange and green chapters. Such combinations of neighboring hues tend to impart a more restrained mood than palettes built of colors from opposing segments on the color wheel.

0c	5m	30y	0k		255r	238g	188b	
0c	0m	25y	0k		255r	251g	203b	
0c	40m	30y	0k		248r	170g	158b	

0c	15m	100y	0k		255r	212g	0b	
0c	0m	50y	0k		255r	247g	153b	
0c	55m	70y	0k		246r	140g	89b	

0c	20m	90y	10k		231r	185g	46b	
0c	5m	100y	0k		255r	230g	0b	
20c	55m	70y	0k		205r	132g	92b	

10c	30m	100y	0k		230r	177g	34b	
0c	15m	70y	0k		255r	215g	105b	
0c	50m	100y	0k		247r	147g	29b	

0c	15m	50y	20k		210r	180g	120b	
0c	10m	80y	0k		255r	222g	79b	
0c	80m	100y	0k		241r	90g	34b	
0c	10m	100y	10k		234r	200g	0b	
0c	5m	75y	0k		255r	232g	94b	
0c	55m	100y	20k		203r	115g	23b	
15c	40m	100y	30k		161r	118g	25b	
0c	5m	50y	0k		255r	235g	149b	
10c	50m	80y	0k		225r	143g	75b	
0c	25m	100y	20k		209r	160g	13b	
5c	10m	30y	0k		241r	223g	183b	
15c	0m	60y	0k		222r	231g	135b	
0c	5m	70y	10k		234r	211g	99b	
0c	3m	40y	0k		255r	240g	170b	
15c	0m	70y	20k		184r	191g	96b	

0c	15m	100y	0k	255r	212g	0b	
0c	0m	50y	0k	255r	247g	153b	
75c	0m	60y	0k	29r	183g	141b	

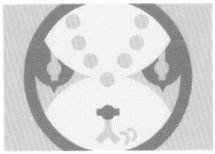

0c	25m	90y	0k	254r	194g	51b	
0c	5m	30y	0k	255r	238g	188b	
35c	0m	50y	0k	171r	214g	155b	

0c	20m	90y	10k	231r	185g	46b	
5c	10m	30y	0k	241r	223g	183b	
20c	20m	60y	20k	172r	159g	104b	

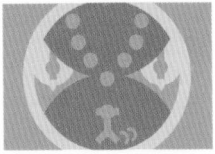

0c	15m	100y	20k	212r	176g	4b	
0c	5m	75y	0k	255r	232g	94b	
45c	30m	70y	40k	100r	106g	70b	

0c	35m	100y	30k	186r	131g	13b	
5c	20m	50y	0k	240r	202g	140b	
25c	0m	30y	20k	159r	188g	161b	

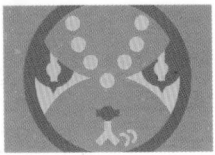

0c	25m	80y	20k		209r	161g	64b
0c	10m	50y	0k		255r	225g	146b
0c	3m	40y	0k		255r	240g	170b
0c	30m	30y	0k		251r	189g	167b

10c	40m	100y	0k		228r	160g	37b
0c	20m	90y	10k		231r	185g	46b
0c	5m	70y	10k		234r	211g	99b
0c	35m	50y	0k		250r	179g	131b

0c	25m	100y	20k		209r	160g	13b
0c	15m	70y	0k		255r	215g	105b
0c	5m	100y	0k		255r	230g	0b
0c	35m	70y	0k		251r	177g	97b

15c	40m	100y	30k		161r	118g	25b
0c	10m	60y	10k		233r	203g	116b
0c	0m	25y	0k		255r	251g	203b
0c	65m	90y	0k		244r	121g	50b

25c	60m	100y	40k		129r	80g	23b
0c	10m	100y	10k		234r	200g	0b
0c	5m	50y	0k		255r	235g	149b
10c	60m	100y	0k		224r	126g	39b

0c	25m	90y	0k	254r	194g	51b	
0c	10m	80y	0k	255r	222g	79b	
0c	0m	25y	0k	255r	251g	203b	
0c	60m	60y	0k	245r	132g	102b	

0c	35m	100y	30k	186r	131g	13b	
10c	40m	100y	0k	228r	160g	37b	
0c	15m	100y	0k	255r	212g	0b	
0c	45m	70y	0k	248r	158g	93b	

10c	30m	100y	0k	230r	177g	34b	
0c	15m	70y	0k	255r	215g	105b	
0c	5m	75y	0k	255r	232g	94b	
5c	0m	40y	0k	244r	243g	173b	

0c	25m	100y	20k	209r	160g	13b	
0c	20m	90y	10k	231r	185g	46b	
0c	5m	50y	0k	255r	235g	149b	
15c	0m	30y	0k	218r	234g	193b	

15c	40m	100y	30k	161r	118g	25b	
0c	15m	100y	20k	212r	176g	4b	
0c	5m	70y	0k	234r	211g	99b	
45c	0m	40y	0k	141r	207g	173b	

5c	20m	50y	0k		240r	202g	140b	
0c	5m	40y	10k		233r	214g	154b	
0c	5m	30y	0k		255r	238g	188b	
10c	15m	80y	20k		191r	170g	69b	
0c	10m	100y	10k		234r	200g	0b	
0c	10m	60y	10k		233r	203g	116b	
0c	3m	40y	0k		255r	240g	170b	
25c	0m	90y	20k		165r	182g	56b	
0c	25m	80y	20k		209r	161g	64b	
0c	15m	50y	20k		210r	180g	120b	
0c	5m	30y	10k		232r	216g	172b	
25c	30m	80y	30k		146r	127g	62b	
25c	60m	100y	40k		129r	80g	23b	
0c	10m	50y	0k		255r	225g	146b	
0c	0m	25y	0k		255r	251g	203b	
10c	0m	20y	20k		189r	200g	178b	
10c	30m	100y	0k		230r	177g	34b	
0c	25m	90y	0k		254r	194g	51b	
0c	5m	50y	0k		255r	235g	149b	
90c	0m	50y	0k		0r	174g	156b	

0c	15m	100y	0k	255r	212g	0b	
0c	5m	75y	0k	255r	232g	94b	
0c	0m	25y	0k	255r	251g	203b	
0c	60m	60y	0k	245r	132g	102b	
0c	45m	50y	0k	248r	159g	124b	

10c	30m	100y	0k	230r	177g	34b	
5c	20m	50y	0k	240r	202g	140b	
0c	15m	70y	0k	255r	215g	105b	
0c	35m	70y	0k	251r	177g	97b	
0c	20m	30y	0k	253r	209g	175b	

25c	60m	100y	40k	129r	80g	23b	
0c	35m	100y	30k	186r	131g	13b	
0c	5m	100y	0k	255r	230g	0b	
0c	80m	80y	0k	241r	90g	64b	
0c	50m	100y	0k	247r	147g	29b	

0c	25m	90y	0k	254r	194g	51b	
0c	5m	50y	0k	255r	235g	149b	
0c	5m	30y	0k	255r	238g	188b	
0c	40m	70y	20k	206r	139g	79b	
0c	55m	70y	0k	246r	140g	89b	

0c	20m	90y	10k	231r	185g	46b	
0c	10m	80y	0k	255r	222g	79b	
0c	3m	40y	0k	255r	240g	170b	
10c	60m	100y	0k	224r	126g	39b	
0c	55m	90y	0k	246r	139g	51b	

15c	40m	100y	30k		161r	118g	25b
10c	40m	100y	0k		228r	160g	37b
0c	5m	30y	0k		255r	238g	188b
35c	0m	50y	0k		171r	214g	155b
15c	0m	60y	0k		222r	231g	135b

0c	25m	100y	20k		209r	160g	13b
0c	10m	100y	10k		234r	200g	0b
0c	5m	50y	5k		244r	223g	142b
25c	0m	90y	20k		165r	182g	56b
25c	0m	80y	0k		200r	220g	93b

0c	15m	100y	20k		212r	176g	4b
0c	10m	60y	10k		233r	203g	116b
5c	10m	30y	0k		241r	223g	183b
45c	30m	70y	40k		100r	106g	70b
10c	25m	100y	30k		170r	139g	21b

0c	25m	80y	20k		209r	161g	64b
0c	20m	90y	10k		231r	185g	46b
0c	10m	50y	0k		255r	225g	146b
40c	5m	50y	40k		104r	135g	102b
25c	10m	40y	20k		161r	171g	139b

15c	40m	100y	30k		161r	118g	25b
0c	5m	70y	10k		234r	211g	99b
0c	10m	80y	0k		255r	222g	79b
20c	20m	60y	20k		172r	159g	104b
10c	10m	60y	10k		209r	195g	118b

In this section, the chapter's yellow hues are joined by complements and near-complements from the blue, violet and red chapters. Palettes of opposing hues such as these tend to be more visually active than monochromatic combinations or those made of hues from neighboring positions on the color wheel.

0c	5m	75y	0k		255r	232g	94b	
0c	0m	25y	0k		255r	251g	203b	
55c	10m	20y	0k		112r	185g	198b	

0c	25m	90y	0k		254r	194g	51b	
0c	10m	80y	0k		255r	222g	97b	
80c	20m	0y	0k		0r	158g	219b	

10c	40m	100y	0k		228r	160g	37b	
0c	15m	100y	0k		255r	212g	0b	
30c	0m	10y	10k		158r	203g	208b	

0c	20m	90y	10k		231r	185g	46b	
0c	5m	50y	0k		255r	235g	149b	
10c	20m	0y	0k		223r	204g	228b	

0c	25m	90y	0k		254r	194g	51b	
0c	10m	50y	0k		255r	225g	146b	
20c	70m	0y	0k		199r	108g	171b	
0c	25m	80y	20k		209r	161g	64b	
0c	5m	40y	10k		233r	214g	154b	
5c	45m	0y	0k		231r	159g	198b	
5c	20m	50y	0k		240r	202g	140b	
0c	5m	30y	0k		255r	238g	188b	
10c	30m	10y	20k		185r	153g	165b	
15c	40m	100y	30k		161r	118g	25b	
0c	5m	70y	10k		234r	211g	99b	
0c	60m	30y	0k		244r	133g	141b	
0c	35m	100y	30k		186r	131g	13b	
0c	0m	50y	0k		255r	247g	153b	
0c	45m	30y	0k		247r	161g	154b	

10c	40m	100y	0k	228r	160g	37b	
0c	15m	100y	0k	255r	212g	0b	
0c	5m	50y	0k	255r	235g	149b	
35c	0m	20y	0k	164r	218g	210b	

0c	35m	100y	30k	186r	131g	13b	
0c	20m	90y	10k	231r	185g	46b	
0c	15m	70y	0k	255r	215g	105b	
40c	10m	0y	0k	146r	197g	234b	

0c	15m	100y	20k	212r	176g	4b	
5c	20m	50y	0k	240r	202g	140b	
0c	5m	30y	0k	255r	238g	188b	
75c	40m	0y	0k	62r	133g	198b	

15c	40m	100y	30k	161r	118g	25b	
0c	25m	100y	20k	209r	160g	13b	
10c	30m	100y	0k	230r	177g	34b	
40c	0m	10y	20k	122r	179g	190b	

0c	20m	90y	10k	231r	185g	46b	
0c	5m	50y	5k	244r	223g	142b	
0c	3m	40y	0k	255r	240g	170b	
45c	10m	10y	40k	91r	130g	146b	

0c	25m	90y	0k		254r	194g	51b
0c	5m	100y	0k		255r	230g	0b
0c	0m	50y	0k		255r	247g	153b
70c	50m	30y	30k		72r	91g	113b

25c	60m	100y	40k		129r	80g	23b
0c	5m	70y	10k		234r	211g	99b
0c	10m	80y	0k		255r	222g	79b
60c	40m	0y	20k		91r	117g	167b

15c	40m	100y	30k		161r	118g	25b
0c	10m	60y	10k		233r	203g	116b
0c	10m	50y	0k		255r	225g	146b
10c	30m	0y	10k		201r	168g	196b

0c	15m	50y	20k		210r	180g	120b
0c	10m	100y	10k		234r	200g	0b
0c	5m	30y	10k		232r	216g	172b
10c	50m	10y	30k		165r	110g	133b

0c	25m	80y	20k		209r	161g	64b
0c	5m	75y	0k		255r	232g	94b
0c	0m	25y	0k		255r	251g	203b
15c	70m	20y	30k		158r	80g	110b

0c	15m	100y	0k		255r	212g	0b	
0c	5m	75y	0k		255r	232g	94b	
0c	0m	25y	0k		255r	251g	203b	
30c	30m	0y	0k		175r	171g	213b	

0c	25m	100y	20k		209r	160g	13b	
0c	25m	90y	0k		254r	194g	51b	
0c	10m	50y	0k		255r	225g	146b	
45c	60m	0y	0k		148r	116g	180b	

0c	25m	80y	20k		209r	161g	64b	
0c	10m	100y	10k		234r	200g	0b	
0c	10m	80y	0k		255r	222g	79b	
45c	90m	0y	0k		153r	63g	152b	

15c	40m	100y	30k		161r	118g	25b	
10c	30m	100y	0k		230r	177g	34b	
0c	15m	70y	0k		255r	215g	105b	
5c	45m	0y	0k		231r	159g	198b	

10c	20m	50y	20k		189r	165g	118b	
0c	20m	90y	10k		231r	185g	46b	
0c	5m	100y	0k		255r	230g	0b	
20c	80m	40y	20k		167r	72g	96b	

25c	60m	100y	40k		129r	80g	23b
5c	20m	50y	0k		240r	202g	140b
0c	0m	50y	0k		255r	247g	153b
0c	100m	20y	0k		237r	6g	119b

0c	35m	100y	30k		186r	131g	13b
0c	15m	70y	0k		255r	215g	105b
0c	5m	50y	0k		255r	235g	149b
0c	45m	25y	0k		247r	161g	161b

10c	40m	100y	0k		228r	160g	37b
0c	15m	100y	20k		212r	176g	4b
5c	10m	30y	0k		241r	223g	183b
0c	100m	80y	0k		237r	26g	58b

0c	25m	80y	20k		209r	161g	64b
5c	20m	50y	0k		240r	202g	140b
0c	5m	30y	0k		255r	238g	188b
20c	55m	30y	0k		203r	133g	146b

0c	10m	60y	10k		233r	203g	116b
0c	5m	40y	10k		233r	214g	154b
0c	3m	40y	0k		255r	240g	170b
0c	65m	60y	10k		220r	111g	90b

0c	25m	90y	0k	254r	194g	51b	
0c	15m	70y	0k	255r	215g	105b	
0c	5m	50y	0k	255r	235g	149b	
0c	0m	25y	0k	255r	251g	203b	
80c	20m	0y	0k	0r	158g	219b	

0c	20m	90y	10k	231r	185g	46b	
0c	10m	80y	0k	255r	222g	79b	
0c	3m	40y	0k	255r	240g	170b	
75c	40m	0y	0k	62r	133g	198b	
55c	10m	20y	0k	112r	185g	198b	

0c	15m	100y	0k	255r	212g	0b	
0c	5m	100y	0k	255r	230g	0b	
0c	0m	50y	0k	255r	247g	153b	
70c	20m	0y	20k	45r	137g	185b	
60c	0m	0y	0k	68r	199g	244b	

25c	60m	100y	40k	129r	80g	23b	
0c	25m	80y	20k	209r	161g	64b	
10c	30m	100y	0k	230r	177g	34b	
35c	10m	10y	30k	123r	151g	163b	
30c	0m	10y	10k	158r	203g	208b	

0c	15m	100y	20k	212r	176g	4b	
0c	25m	90y	0k	254r	194g	51b	
0c	5m	75y	0k	255r	232g	94b	
65c	0m	0y	30k	24r	148g	184b	
40c	20m	0y	0k	149r	181g	223b	

15c	40m	100y	30k	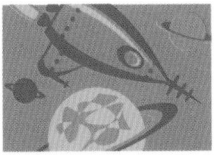	161r	118g	25b	
0c	25m	100y	20k		209r	160g	13b	
0c	10m	60y	10k		233r	203g	116b	
40c	20m	0y	20k		125r	152g	187b	
45c	10m	10y	20k		114r	161g	180b	
0c	15m	50y	20k		210r	180g	120b	
5c	10m	30y	0k		241r	223g	183b	
0c	5m	30y	0k		255r	238g	188b	
45c	10m	20y	30k		104r	145g	151b	
20c	0m	10y	20k		167r	193g	192b	
0c	35m	100y	30k		186r	131g	13b	
0c	5m	40y	10k		233r	214g	154b	
0c	5m	70y	10k		234r	211g	99b	
15c	40m	0y	0k		210r	163g	203b	
0c	10m	50y	0k		255r	225g	146b	
10c	20m	50y	20k		189r	165g	118b	
5c	20m	50y	0k		240r	202g	140b	
0c	3m	40y	0k		255r	240g	170b	
10c	20m	0y	0k		223r	204g	228b	
0c	25m	0y	0k		249r	203g	223b	
10c	40m	100y	0k		228r	160g	37b	
0c	10m	100y	10k		234r	200g	0b	
0c	5m	50y	5k		244r	223g	142b	
50c	50m	0y	0k		135r	129g	189b	
10c	50m	0y	0k		219r	147g	192b	

5c	20m	50y	0k	240r	202g	140b	
0c	15m	70y	0k	255r	215g	105b	
0c	5m	30y	0k	255r	238g	188b	
5c	50m	10y	20k	192r	124g	148b	
0c	35m	0y	10k	223r	166g	192b	

15c	40m	100y	30k	161r	118g	25b	
10c	40m	100y	0k	228r	160g	37b	
0c	15m	100y	20k	212r	176g	4b	
25c	70m	20y	40k	128r	69g	98b	
35c	40m	0y	20k	139r	127g	169b	

10c	30m	100y	0k	230r	177g	34b	
0c	10m	60y	10k	233r	203g	116b	
0c	10m	50y	0k	255r	225g	146b	
30c	30m	10y	20k	149r	143g	164b	
15c	20m	0y	10k	192r	182g	207b	

0c	25m	80y	20k	209r	161g	64b	
0c	20m	90y	10k	231r	185g	46b	
0c	25m	90y	0k	254r	194g	51b	
30c	50m	0y	20k	148r	115g	160b	
10c	70m	0y	0k	218r	111g	171b	

10c	20m	50y	20k	189r	165g	118b	
0c	25m	100y	20k	209r	160g	13b	
0c	10m	100y	10k	234r	200g	0b	
0c	15m	50y	20k	210r	180g	120b	
0c	100m	80y	20k	196r	18g	47b	

0c	5m	70y	10k	234r	211g	99b	
0c	10m	80y	0k	255r	222g	79b	
0c	0m	50y	0k	255r	247g	153b	
0c	70m	50y	0k	243r	113g	108b	
0c	45m	40y	0k	247r	160g	139b	

25c	60m	100y	40k	129r	80g	23b	
10c	30m	100y	0k	230r	177g	34b	
0c	5m	50y	0k	255r	235g	149b	
20c	75m	40y	0k	202r	98g	119b	
0c	35m	10y	10k	224r	165g	176b	

0c	25m	80y	20k	209r	161g	64b	
5c	20m	50y	0k	240r	202g	140b	
0c	5m	100y	0k	255r	230g	0b	
10c	65m	40y	0k	221r	119g	125b	
0c	65m	20y	0k	242r	124g	150b	

15c	40m	100y	30k	161r	118g	25b	
0c	25m	90y	0k	254r	194g	51b	
0c	5m	75y	0k	255r	232g	94b	
0c	100m	50y	0k	237r	20g	90b	
0c	90m	100y	0k	239r	65g	35b	

0c	35m	100y	30k	186r	131g	13b	
0c	5m	50y	5k	244r	223g	142b	
0c	0m	25y	0k	255r	251g	203b	
0c	65m	50y	10k	220r	111g	101b	
0c	65m	60y	0k	244r	122g	99b	

In the following samples, this chapter's yellow hues are added to palettes dominated by a broad range of neutral colors. Some of the neutrals are brown or skin tones; others are grays that contain suggestions of a particular hue. Simple grays (tints of black) are featured in the section that follows.

0c	10m	50y	0k		255r	225g	146b	
0c	5m	20y	40k		168r	159g	140b	
0c	10m	40y	20k		211r	188g	139b	

0c	15m	100y	0k		255r	212g	0b	
15c	60m	70y	30k		159r	93g	65b	
5c	40m	50y	20k		194r	137g	106b	

0c	3m	40y	0k		255r	240g	170b	
30c	40m	30y	20k		151r	128g	132b	
10c	10m	10y	10k		205r	201g	199b	

0c	0m	50y	0k		255r	247g	153b	
25c	40m	50y	20k		161r	129g	107b	
0c	5m	20y	30k		189r	178g	157b	

0c	0m	25y	0k	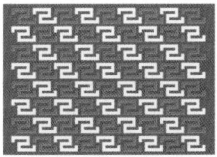	255r	251g	203b	
0c	15m	20y	70k		109r	95g	87b	
10c	40m	60y	30k		167r	121g	84b	
10c	30m	100y	0k		230r	177g	34b	
0c	10m	20y	60k		129r	117g	105b	
0c	10m	30y	40k		168r	152g	124b	
5c	10m	30y	0k		241r	223g	183b	
0c	25m	30y	50k		146r	117g	101b	
10c	5m	0y	30k		167r	173g	185b	
0c	25m	100y	20k		209r	160g	13b	
5c	0m	10y	50k		139r	145g	138b	
10c	15m	40y	20k		189r	174g	136b	
0c	5m	70y	10k		234r	211g	99b	
0c	30m	40y	50k		146r	110g	88b	
0c	10m	20y	30k		188r	171g	153b	

0c	15m	70y	0k	255r	215g	105b	
0c	30m	50y	60k	127r	95g	66b	
0c	30m	50y	40k	166r	125g	89b	
0c	30m	50y	20k	207r	156g	112b	

0c	5m	30y	0k	255r	238g	188b	
0c	30m	30y	60k	127r	96g	85b	
0c	20m	20y	30k	187r	158g	146b	
0c	5m	20y	20k	211r	198g	173b	

0c	10m	80y	0k	255r	222g	79b	
30c	70m	100y	40k	122r	68g	24b	
30c	40m	60y	30k	137r	114g	86b	
5c	40m	50y	20k	194r	137g	106b	

0c	5m	50y	0k	255r	235g	149b	
0c	15m	20y	40k	167r	147g	134b	
0c	10m	20y	30k	188r	171g	153b	
0c	10m	30y	20k	210r	189g	154b	

0c	5m	75y	0k	255r	232g	94b	
10c	10m	0y	70k	97r	96g	106b	
10c	15m	0y	50k	130r	126g	139b	
10c	5m	0y	40k	148r	155g	166b	

5c	20m	50y	0k	240r	202g	140b	
50c	40m	30y	40k	92r	96g	106b	
25c	40m	50y	20k	161r	129g	107b	
0c	5m	20y	10k	231r	217g	189b	

0c	20m	90y	10k	231r	185g	46b	
0c	15m	20y	70k	109r	95g	87b	
0c	10m	20y	60k	129r	117g	105b	
0c	10m	40y	40k	168r	151g	112b	

0c	10m	60y	10k	233r	203g	116b	
10c	55m	70y	30k	166r	101g	66b	
15c	40m	50y	20k	178r	133g	107b	
10c	50m	100y	0k	226r	143g	38b	

0c	10m	100y	10k	234r	200g	0b	
40c	40m	30y	40k	107r	100g	106b	
30c	30m	20y	20k	150r	143g	152b	
20c	20m	20y	10k	185r	177g	175b	

0c	15m	100y	20k	212r	176g	4b	
0c	30m	30y	70k	108r	81g	71b	
0c	45m	90y	20k	205r	130g	42b	
0c	10m	40y	50k	148r	132g	98b	

0c	25m	90y	0k	254r	194g	51b	
0c	10m	80y	0k	255r	222g	79b	
25c	60m	80y	40k	129r	80g	46b	
10c	40m	60y	30k	167r	121g	84b	
5c	30m	40y	20k	196r	154g	126b	

0c	15m	100y	0k	255r	212g	0b	
0c	0m	50y	0k	255r	247g	153b	
40c	60m	80y	30k	123r	87g	56b	
0c	10m	40y	50k	148r	132g	98b	
0c	10m	30y	30k	189r	170g	139b	

0c	10m	50y	0k	255r	225g	146b	
0c	0m	25y	0k	255r	251g	203b	
0c	30m	30y	60k	127r	96g	85b	
0c	20m	20y	40k	166r	141g	131b	
0c	10m	30y	20k	210r	189g	154b	

0c	5m	70y	10k	234r	211g	99b	
0c	5m	50y	0k	255r	235g	149b	
10c	5m	0y	70k	97r	101g	109b	
10c	15m	0y	40k	148r	143g	158b	
0c	10m	20y	30k	188r	171g	153b	

10c	30m	100y	0k	230r	177g	34b	
0c	5m	100y	0k	255r	230g	0b	
40c	25m	40y	40k	106r	115g	104b	
20c	20m	20y	30k	152r	146g	145b	
20c	30m	20y	20k	169r	148g	153b	

0c	20m	90y	10k	231r	185g	46b	
0c	15m	70y	0k	255r	215g	105b	
25c	60m	100y	40k	129r	80g	23b	
15c	40m	50y	20k	178r	133g	107b	
0c	25m	50y	20k	208r	164g	115b	

0c	25m	100y	20k	209r	160g	13b	
0c	15m	100y	20k	212r	176g	4b	
0c	15m	20y	70k	109r	95g	87b	
10c	15m	0y	50k	130r	126g	139b	
10c	10m	0y	20k	185r	185g	200b	

5c	20m	50y	0k	240r	202g	140b	
0c	5m	40y	10k	233r	214g	154b	
0c	10m	20y	60k	129r	117g	105b	
0c	5m	20y	40k	168r	159g	140b	
0c	10m	40y	20k	211r	188g	139b	

5c	10m	30y	0k	241r	223g	183b	
0c	5m	30y	0k	255r	238g	188b	
30c	20m	20y	40k	120r	126g	130b	
20c	10m	20y	30k	152r	159g	152b	
0c	5m	20y	30k	189r	178g	157b	

0c	25m	80y	20k	209r	161g	64b	
0c	10m	100y	10k	234r	200g	0b	
0c	30m	30y	50k	146r	111g	99b	
0c	10m	40y	30k	189r	169g	125b	
0c	5m	20y	10k	231r	217g	189b	

In this final section of chapter 5, the yellow hues are combined with black and tints of black. Consider ideas such as these when seeking ideas for jobs that are limited to black plus one other color of ink. Explore palette solutions where black inks are given prominence, as well as those where the color is allowed to dominate the scheme.

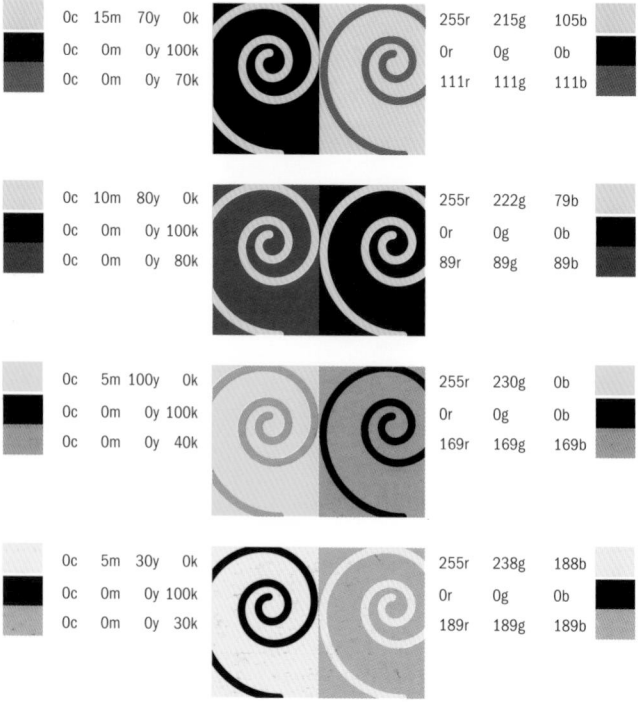

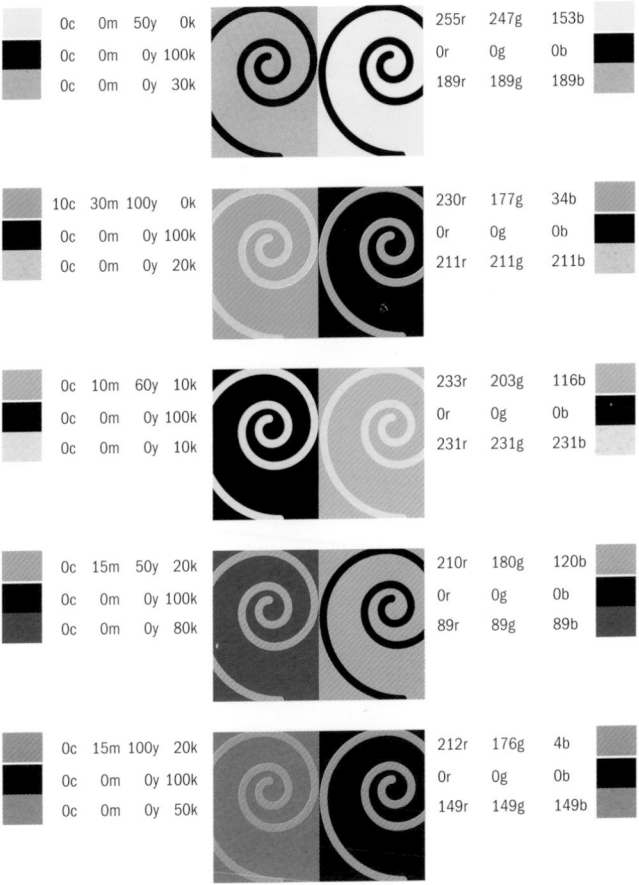
0c 0m 50y 0k
0c 0m 0y 100k
0c 0m 0y 30k
255r 247g 153b
0r 0g 0b
189r 189g 189b
10c 30m 100y 0k
0c 0m 0y 100k
0c 0m 0y 20k
230r 177g 34b
0r 0g 0b
211r 211g 211b
0c 10m 60y 10k
0c 0m 0y 100k
0c 0m 0y 10k
233r 203g 116b
0r 0g 0b
231r 231g 231b
0c 15m 50y 20k
0c 0m 0y 100k
0c 0m 0y 80k
210r 180g 120b
0r 0g 0b
89r 89g 89b
0c 15m 100y 20k
0c 0m 0y 100k
0c 0m 0y 50k
212r 176g 4b
0r 0g 0b
149r 149g 149b

0c	25m	90y	0k	254r	194g	51b	
0c	0m	0y	100k	0r	0g	0b	
0c	0m	0y	50k	149r	149g	149b	
0c	0m	0y	20k	211r	211g	211b	

0c	10m	50y	0k	255r	225g	146b	
0c	0m	0y	100k	0r	0g	0b	
0c	0m	0y	70k	111r	111g	111b	
0c	0m	0y	40k	169r	169g	169b	

0c	15m	100y	0k	255r	212g	0b	
0c	0m	0y	100k	0r	0g	0b	
0c	0m	0y	80k	89r	89g	89b	
0c	0m	0y	40k	169r	169g	169b	

0c	3m	40y	0k	255r	240g	170b	
0c	0m	0y	100k	0r	0g	0b	
0c	0m	0y	60k	130r	130g	130b	
0c	0m	0y	30k	189r	189g	189b	

0c	5m	75y	0k	255r	232g	94b	
0c	0m	0y	100k	0r	0g	0b	
0c	0m	0y	80k	89r	89g	89b	
0c	0m	0y	20k	211r	211g	211b	

5c	20m	50y	0k	240r	202g	140b	
0c	0m	0y	100k	0r	0g	0b	
0c	0m	0y	40k	169r	169g	169b	
0c	0m	0y	10k	231r	231g	231b	

0c	25m	100y	20k	209r	160g	13b	
0c	0m	0y	100k	0r	0g	0b	
0c	0m	0y	60k	130r	130g	130b	
0c	0m	0y	20k	211r	211g	211b	

0c	5m	40y	10k	233r	214g	154b	
0c	0m	0y	100k	0r	0g	0b	
0c	0m	0y	50k	149r	149g	149b	
0c	0m	0y	30k	189r	189g	189b	

0c	5m	30y	10k	232r	216g	172b	
0c	0m	0y	100k	0r	0g	0b	
0c	0m	0y	70k	111r	111g	111b	
0c	0m	0y	40k	169r	169g	169b	

0c	5m	70y	10k	234r	211g	99b	
0c	0m	0y	100k	0r	0g	0b	
0c	0m	0y	80k	89r	89g	89b	
0c	0m	0y	20k	211r	211g	211b	

10c	30m	100y	0k	230r	177g	34b	
0c	15m	70y	0k	255r	215g	105b	
0c	0m	0y	100k	0r	0g	0b	
0c	0m	0y	50k	149r	149g	149b	
0c	0m	0y	10k	231r	231g	231b	

0c	5m	40y	10k	233r	214g	154b	
0c	5m	50y	0k	255r	235g	149b	
0c	0m	0y	100k	0r	0g	0b	
0c	0m	0y	80k	89r	89g	89b	
0c	0m	0y	60k	130r	130g	130b	

0c	15m	50y	20k	210r	180g	120b	
0c	5m	100y	0k	255r	230g	0b	
0c	0m	0y	100k	0r	0g	0b	
0c	0m	0y	70k	111r	111g	111b	
0c	0m	0y	20k	211r	211g	211b	

5c	20m	50y	0k	240r	202g	140b	
0c	0m	25y	0k	255r	251g	203b	
0c	0m	0y	100k	0r	0g	0b	
0c	0m	0y	70k	111r	111g	111b	
0c	0m	0y	40k	169r	169g	169b	

0c	10m	60y	10k	233r	203g	116b	
5c	10m	30y	0k	241r	223g	183b	
0c	0m	0y	100k	0r	0g	0b	
0c	0m	0y	60k	130r	130g	130b	
0c	0m	0y	10k	231r	231g	231b	

25c	60m	100y	40k		129r	80g	23b	
0c	25m	80y	20k		209r	161g	64b	
0c	0m	0y	100k		0r	0g	0b	
0c	0m	0y	30k		189r	189g	189b	
0c	0m	0y	10k		231r	231g	231b	
0c	20m	90y	10k		231r	185g	46b	
0c	10m	80y	0k		255r	222g	79b	
0c	0m	0y	100k		0r	0g	0b	
0c	0m	0y	80k		89r	89g	89b	
0c	0m	0y	40k		169r	169g	169b	
10c	20m	50y	20k		189r	165g	118b	
0c	15m	100y	20k		212r	176g	4b	
0c	0m	0y	100k		0r	0g	0b	
0c	0m	0y	70k		111r	111g	111b	
0c	0m	0y	50k		149r	149g	149b	
0c	25m	100y	20k		209r	160g	13b	
0c	10m	100y	10k		234r	200g	0b	
0c	0m	0y	100k		0r	0g	0b	
0c	0m	0y	40k		169r	169g	169b	
0c	0m	0y	20k		211r	211g	211b	
0c	5m	50y	5k		244r	223g	142b	
0c	0m	50y	0k		255r	247g	153b	
0c	0m	0y	100k		0r	0g	0b	
0c	0m	0y	20k		211r	211g	211b	
0c	0m	0y	10k		231r	231g	231b	

6: GREEN

Hues ranging from yellow-green to green-blue;
saturations from intense to muted;
values from light to dark.

CHAPTER CONTENTS:

268-269
Expansion Palettes*

270-277
Combinations of Green Hues

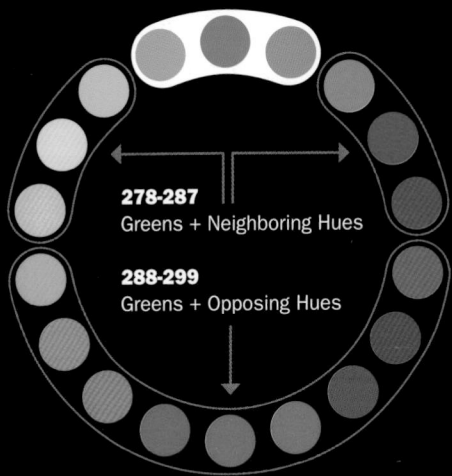

300-307
Greens + Neutral Hues

308-315
Greens + Black and Tints of Black

* *See pages 12-14 for more information about expansion palettes.*

CMYK PERCENTAGES:				RGB VALUES:		
30c	25m	100y	0k	189r	174g	50b
20c	15m	80y	0k	211r	198g	87b
10c	5m	60y	0k	233r	224g	131b
10c	5m	40y	0k	231r	226g	169b
10c	25m	100y	30k	170r	139g	21b
10c	15m	80y	20k	191r	170g	69b
10c	10m	60y	10k	209r	195g	118b
10c	10m	40y	10k	208r	197g	151b
40c	55m	70y	40k	109r	82g	61b
30c	40m	60y	30k	137r	114g	86b
20c	30m	50y	20k	171r	145g	113b
10c	15m	40y	20k	189r	174g	136b
35c	0m	100y	0k	179r	210g	52b
25c	0m	80y	0k	200r	220g	93b
15c	0m	60y	0k	222r	231g	135b
5c	0m	40y	0k	244r	243g	173b
40c	0m	100y	30k	121r	154g	40b
25c	0m	90y	20k	165r	182g	56b
15c	0m	70y	20k	184r	191g	96b
5c	0m	40y	20k	201r	201g	146b
25c	30m	80y	30k	146r	127g	62b
20c	20m	60y	20k	172r	159g	104b
10c	10m	40y	20k	189r	181g	139b
10c	5m	30y	5k	217r	216g	178b
80c	0m	100y	0k	13r	177g	75b
60c	0m	80y	0k	109r	192g	103b
35c	0m	50y	0k	171r	214g	155b
15c	0m	30y	0k	218r	234g	193b

CMYK PERCENTAGES:				RGB VALUES:		
60c	0m	100y	40k	69r	129g	43b
45c	0m	70y	30k	108r	153g	91b
25c	0m	50y	20k	161r	185g	130b
10c	0m	30y	20k	190r	198g	162b
45c	30m	70y	40k	100r	106g	70b
35c	20m	60y	30k	129r	136g	95b
25c	10m	40y	20k	161r	171g	139b
15c	10m	30y	20k	180r	178g	154b
100c	0m	80y	0k	0r	167g	109b
75c	0m	60y	0k	29r	183g	141b
45c	0m	40y	0k	141r	207g	173b
25c	0m	30y	0k	192r	225g	192b
40c	5m	50y	40k	104r	135g	102b
40c	0m	40y	30k	115r	159g	132b
25c	0m	30y	20k	159r	188g	161b
10c	0m	20y	20k	189r	200g	178b
90c	0m	50y	0k	0r	174g	156b
65c	0m	40y	0k	76r	191g	173b
40c	0m	30y	0k	153r	212g	191b
10c	0m	10y	0k	227r	242g	231b
70c	30m	60y	40k	57r	99g	83b
65c	0m	40y	30k	53r	145g	131b
45c	0m	30y	20k	115r	173g	160b
20c	0m	20y	20k	168r	192g	177b
50c	30m	40y	50k	78r	93g	89b
40c	25m	40y	40k	106r	115g	104b
30c	15m	30y	30k	135r	147g	136b
20c	10m	20y	20k	169r	176g	168b

The green chapter opens with monochromatic and near-monochromatic sets of colors. The hues in these samples come from this chapter's expansion palettes (previous spread). Monochromatic schemes tend to be more visually sedate than those built with hues from opposing positions on the color wheel.

15c	0m	70y	20k		184r	191g	96b	
25c	0m	80y	0k		200r	220g	93b	
5c	0m	40y	0k		244r	243g	173b	

45c	0m	70y	30k		108r	153g	91b	
35c	0m	50y	0k		171r	214g	155b	
10c	5m	60y	0k		233r	224g	131b	

60c	0m	100y	40k		69r	129g	43b	
80c	0m	100y	0k		13r	177g	75b	
35c	0m	100y	0k		179r	210g	52b	

75c	0m	60y	0k		29r	183g	141b	
25c	0m	30y	0k		192r	225g	192b	
10c	0m	10y	0k		227r	242g	231b	

70c	30m	60y	40k		57r	99g	83b
90c	0m	50y	0k		0r	174g	156b
15c	0m	60y	0k		222r	231g	135b

35c	20m	60y	30k		129r	136g	95b
20c	20m	60y	20k		172r	159g	104b
10c	10m	60y	10k		209r	195g	118b

45c	30m	70y	40k		100r	106g	70b
10c	25m	100y	30k		170r	139g	21b
25c	0m	30y	20k		159r	188g	161b

40c	0m	100y	30k		121r	154g	40b
30c	25m	100y	0k		189r	174g	50b
10c	10m	40y	20k		189r	181g	139b

40c	5m	50y	40k		104r	135g	102b
45c	0m	40y	0k		141r	207g	173b
10c	5m	40y	0k		231r	226g	169b

40c	5m	50y	40k	104r	135g	102b	
65c	0m	40y	0k	76r	191g	173b	
15c	0m	60y	0k	222r	231g	135b	

40c	25m	40y	40k	106r	115g	104b	
10c	25m	100y	30k	170r	139g	21b	
45c	0m	40y	0k	141r	207g	173b	

75c	0m	60y	0k	29r	183g	141b	
10c	15m	80y	20k	191r	170g	69b	
20c	15m	80y	0k	211r	198g	87b	

30c	15m	30y	30k	135r	147g	136b	
25c	0m	50y	20k	161r	185g	130b	
10c	10m	60y	10k	209r	195g	118b	

35c	20m	60y	30k	129r	136g	95b	
25c	0m	90y	20k	165r	182g	56b	
5c	0m	40y	20k	201r	201g	146b	

25c	0m	30y	0k	192r	225g	192b	
15c	0m	30y	0k	218r	234g	193b	
10c	0m	10y	0k	227r	242g	231b	
5c	0m	40y	0k	244r	243g	173b	

40c	0m	100y	30k	121r	154g	40b	
15c	0m	70y	20k	184r	191g	96b	
25c	0m	80y	0k	200r	220g	93b	
10c	5m	60y	0k	233r	224g	131b	

70c	30m	60y	40k	57r	99g	83b	
90c	0m	50y	0k	0r	174g	156b	
60c	0m	80y	0k	109r	192g	103b	
35c	0m	100y	0k	179r	210g	52b	

45c	30m	70y	40k	100r	106g	70b	
60c	0m	100y	40k	69r	129g	43b	
80c	0m	100y	0k	13r	177g	75b	
35c	0m	50y	0k	171r	214g	155b	

40c	0m	40y	30k	115r	159g	132b	
45c	0m	30y	20k	115r	173g	160b	
40c	0m	30y	0k	153r	212g	191b	
10c	5m	40y	0k	231r	226g	169b	

10c	25m	100y	30k	170r	139g	21b	
10c	15m	80y	20k	191r	170g	69b	
10c	10m	60y	10k	209r	195g	118b	
10c	10m	40y	10k	208r	197g	151b	

35c	20m	60y	30k	129r	136g	95b	
25c	0m	30y	20k	159r	188g	161b	
10c	10m	40y	20k	189r	181g	139b	
10c	5m	30y	5k	217r	216g	178b	

50c	30m	40y	50k	78r	93g	89b	
25c	30m	80y	30k	146r	127g	62b	
30c	25m	100y	0k	189r	174g	50b	
10c	0m	20y	20k	189r	200g	178b	

30c	40m	60y	30k	137r	114g	86b	
30c	15m	30y	30k	135r	147g	136b	
20c	20m	60y	20k	172r	159g	104b	
15c	0m	60y	0k	222r	231g	135b	

45c	0m	70y	30k	108r	153g	91b	
45c	0m	30y	20k	115r	173g	160b	
25c	0m	90y	20k	165r	182g	56b	
45c	0m	40y	0k	141r	207g	173b	

45c	30m	70y	40k	100r	106g	70b	
40c	0m	100y	30k	121r	154g	40b	
20c	15m	80y	0k	211r	198g	87b	
10c	5m	40y	0k	231r	226g	169b	

70c	30m	60y	40k	57r	99g	83b	
25c	10m	40y	20k	161r	171g	139b	
5c	0m	40y	20k	201r	201g	146b	
15c	0m	30y	0k	218r	234g	193b	

15c	0m	70y	20k	184r	191g	96b	
35c	0m	50y	0k	171r	214g	155b	
25c	0m	80y	0k	200r	220g	93b	
10c	5m	60y	0k	233r	224g	131b	

40c	55m	70y	40k	109r	82g	61b	
40c	25m	40y	40k	106r	115g	104b	
40c	5m	50y	40k	104r	135g	102b	
25c	30m	80y	30k	146r	127g	62b	

65c	0m	40y	30k	53r	145g	131b	
65c	0m	40y	0k	76r	191g	173b	
40c	0m	30y	0k	153r	212g	191b	
10c	0m	10y	0k	227r	242g	231b	

60c	0m	100y	40k	69r	129g	43b	
25c	0m	90y	20k	165r	182g	56b	
35c	0m	50y	0k	171r	214g	155b	
25c	0m	80y	0k	200r	220g	93b	
5c	0m	40y	0k	244r	243g	173b	

35c	20m	60y	30k	129r	136g	95b	
15c	0m	70y	20k	184r	191g	96b	
25c	0m	30y	0k	192r	225g	192b	
15c	0m	60y	0k	222r	231g	135b	
10c	0m	10y	0k	227r	242g	231b	

40c	0m	100y	30k	121r	154g	40b	
100c	0m	80y	0k	0r	167g	109b	
60c	0m	80y	0k	109r	192g	103b	
65c	0m	40y	0k	76r	191g	173b	
35c	0m	100y	0k	179r	210g	52b	

25c	30m	80y	30k	146r	127g	62b	
10c	25m	10y	30k	170r	139g	21b	
30c	25m	100y	0k	189r	174g	50b	
20c	15m	80y	0k	211r	198g	87b	
10c	5m	40y	0k	231r	226g	169b	

10c	15m	80y	20k	191r	170g	69b	
25c	0m	50y	20k	161r	185g	130b	
10c	10m	60y	10k	209r	195g	118b	
10c	0m	30y	20k	190r	198g	162b	
10c	5m	60y	0k	233r	224g	131b	

70c	30m	60y	40k	57r	99g	83b	
65c	0m	40y	30k	53r	145g	131b	
45c	0m	30y	20k	115r	173g	160b	
20c	0m	20y	20k	168r	192g	177b	
15c	0m	30y	0k	218r	234g	193b	

30c	15m	30y	30k	135r	147g	136b	
15c	10m	30y	20k	180r	178g	154b	
10c	10m	40y	20k	189r	181g	139b	
25c	0m	30y	20k	159r	188g	161b	
40c	0m	30y	0k	153r	212g	191b	

40c	25m	40y	40k	106r	115g	104b	
25c	30m	80y	30k	146r	127g	62b	
20c	20m	60y	20k	172r	159g	104b	
20c	10m	20y	20k	169r	176g	168b	
10c	5m	30y	5k	217r	216g	178b	

50c	30m	40y	50k	78r	93g	89b	
75c	0m	60y	0k	29r	183g	141b	
65c	0m	40y	0k	76r	191g	173b	
45c	0m	40y	0k	141r	207g	173b	
10c	0m	10y	0k	227r	242g	231b	

45c	30m	70y	40k	100r	106g	70b	
40c	5m	50y	40k	104r	135g	102b	
45c	0m	70y	30k	108r	153g	91b	
5c	0m	40y	20k	201r	201g	146b	
10c	0m	20y	20k	189r	200g	178b	

The next ten pages feature palettes of this chapter's green hues along with analogous and near-analogous hues from the yellow and blue chapters. Such combinations of neighboring hues tend to impart a more restrained mood than palettes built of colors from opposing segments on the color wheel.

60c	0m	100y	40k	69r	129g	43b	
25c	0m	90y	20k	165r	182g	56b	
0c	25m	90y	0k	254r	194g	51b	

60c	0m	80y	0k	109r	192g	103b	
15c	0m	60y	0k	222r	231g	135b	
0c	10m	80y	0k	255r	222g	79b	

25c	0m	30y	20k	159r	188g	161b	
25c	0m	30y	0k	192r	225g	192b	
0c	0m	50y	0k	255r	247g	153b	

15c	0m	70y	20k	184r	191g	96b	
25c	0m	80y	0k	200r	220g	93b	
0c	5m	30y	0k	255r	238g	188b	

35c	20m	60y	30k	129r	136g	95b	
20c	20m	60y	20k	172r	159g	104b	
10c	40m	100y	0k	228r	160g	37b	

10c	25m	100y	30k	170r	139g	21b	
20c	15m	80y	0k	211r	198g	87b	
0c	20m	90y	10k	231r	185g	46b	

30c	15m	30y	30k	135r	147g	136b	
20c	0m	20y	20k	168r	192g	177b	
0c	5m	70y	10k	234r	211g	99b	

70c	30m	60y	40k	57r	99g	83b	
80c	0m	100y	0k	13r	177g	75b	
75c	20m	20y	0k	42r	159g	188b	

40c	0m	100y	30k	121r	154g	40b	
35c	0m	100y	0k	179r	210g	52b	
35c	0m	0y	0k	157r	220g	249b	

40c	0m	30y	0k	153r	212g	191b	
15c	0m	60y	0k	222r	231g	135b	
40c	10m	0y	0k	146r	197g	234b	

45c	0m	40y	0k	141r	207g	173b	
35c	0m	50y	0k	171r	214g	155b	
75c	40m	0y	0k	62r	133g	198b	

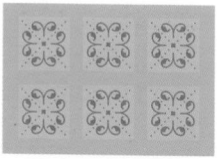

25c	10m	40y	20k	161r	171g	139b	
10c	15m	80y	20k	191r	170g	69b	
60c	0m	10y	30k	58r	150g	170b	

40c	25m	40y	40k	106r	115g	104b	
5c	0m	40y	0k	244r	243g	173b	
35c	0m	0y	20k	131r	183g	208b	

30c	25m	100y	0k	189r	174g	50b	
25c	0m	80y	0k	200r	220g	93b	
35c	10m	0y	30k	120r	152g	178b	

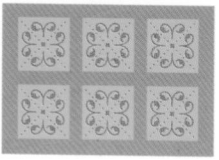

80c	0m	100y	0k		13r	177g	75b
35c	0m	100y	0k		179r	210g	52b
5c	0m	40y	0k		244r	243g	173b
0c	15m	70y	0k		255r	215g	105b

35c	20m	60y	30k		129r	136g	95b
25c	0m	50y	20k		161r	185g	130b
35c	0m	50y	0k		171r	214g	155b
0c	5m	50y	0k		255r	235g	149b

45c	30m	70y	40k		100r	106g	70b
10c	25m	100y	30k		170r	139g	21b
30c	25m	100y	0k		189r	174g	50b
0c	5m	100y	0k		255r	230g	0b

70c	30m	60y	40k		57r	99g	83b
25c	0m	90y	20k		165r	182g	56b
15c	0m	30y	0k		218r	234g	193b
0c	0m	25y	0k		255r	251g	203b

25c	30m	80y	30k		146r	127g	62b
10c	15m	80y	20k		191r	170g	69b
10c	5m	40y	0k		231r	226g	169b
10c	30m	100y	0k		230r	177g	34b

45c	0m	30y	20k		115r	173g	160b	
25c	0m	30y	0k		192r	225g	192b	
10c	0m	10y	0k		227r	242g	231b	
0c	10m	50y	0k		255r	225g	146b	

30c	40m	60y	30k		137r	114g	86b	
10c	10m	40y	20k		189r	181g	139b	
10c	5m	60y	0k		233r	224g	131b	
5c	20m	50y	0k		240r	202g	140b	

25c	30m	80y	30k		146r	127g	62b	
40c	0m	100y	30k		121r	154g	40b	
10c	5m	30y	5k		217r	216g	178b	
0c	25m	100y	20k		209r	160g	13b	

30c	15m	30y	30k		135r	147g	136b	
25c	10m	40y	20k		161r	171g	139b	
20c	15m	80y	0k		211r	198g	87b	
0c	25m	80y	20k		209r	161g	64b	

40c	5m	50y	40k		104r	135g	102b	
90c	0m	50y	0k		0r	174g	156b	
60c	0m	80y	0k		109r	192g	103b	
0c	10m	100y	10k		234r	200g	0b	

80c	0m	100y	0k		13r	177g	75b	
35c	0m	100y	0k		179r	210g	52b	
5c	0m	40y	0k		244r	243g	173b	
55c	10m	20y	0k		112r	185g	198b	

45c	30m	70y	40k		100r	106g	70b	
10c	25m	100y	30k		170r	139g	21b	
30c	25m	100y	0k		189r	174g	50b	
60c	0m	0y	0k		68r	199g	244b	

70c	30m	60y	40k		57r	99g	83b	
75c	0m	60y	0k		29r	183g	141b	
65c	0m	40y	0k		76r	191g	173b	
80c	20m	0y	0k		0r	158g	219b	

40c	25m	40y	40k		106r	115g	104b	
20c	20m	60y	20k		172r	159g	104b	
20c	10m	20y	20k		169r	176g	168b	
40c	20m	0y	0k		149r	181g	223b	

60c	0m	100y	40k		69r	129g	43b	
100c	0m	80y	0k		0r	167g	109b	
25c	0m	90y	20k		165r	182g	56b	
80c	60m	0y	40k		42r	69g	122b	

20c	20m	60y	20k		172r	159g	104b	
25c	0m	50y	20k		161r	185g	130b	
10c	15m	80y	20k		191r	170g	69b	
60c	10m	20y	40k		62r	123g	135b	

65c	0m	40y	30k		53r	145g	131b	
25c	0m	30y	20k		159r	188g	161b	
10c	5m	30y	5k		217r	216g	178b	
45c	10m	10y	20k		114r	161g	180b	

50c	30m	40y	50k		78r	93g	89b	
90c	0m	50y	0k		0r	174g	156b	
35c	0m	50y	0k		171r	214g	155b	
65c	0m	0y	30k		24r	148g	184b	

40c	0m	100y	30k		121r	154g	40b	
30c	25m	100y	0k		189r	174g	50b	
35c	0m	100y	0k		179r	210g	52b	
70c	50m	30y	30k		72r	91g	113b	

20c	0m	20y	20k		168r	192g	177b	
10c	0m	20y	20k		189r	200g	178b	
5c	0m	40y	20k		201r	201g	146b	
30c	20m	0y	20k		145r	158g	188b	

70c	30m	60y	40k	57r	99g	83b	
35c	20m	60y	30k	129r	136g	95b	
45c	0m	30y	20k	115r	173g	160b	
40c	0m	30y	0k	153r	212g	191b	
0c	10m	80y	0k	255r	222g	79b	

60c	0m	100y	40k	69r	129g	43b	
60c	0m	80y	0k	109r	192g	103b	
25c	0m	80y	0k	200r	220g	93b	
0c	15m	70y	0k	255r	215g	105b	
0c	5m	50y	0k	255r	235g	149b	

10c	10m	40y	20k	189r	181g	139b	
10c	10m	60y	10k	209r	195g	118b	
10c	5m	40y	0k	231r	226g	169b	
5c	20m	50y	0k	240r	202g	140b	
0c	10m	50y	0k	255r	225g	146b	

40c	25m	40y	40k	106r	115g	104b	
25c	30m	80y	30k	146r	127g	62b	
10c	15m	80y	20k	191r	170g	69b	
0c	10m	100y	10k	234r	200g	0b	
0c	5m	100y	0k	255r	230g	0b	

45c	30m	70y	40k	100r	106g	70b	
25c	10m	40y	20k	161r	171g	139b	
5c	0m	40y	0k	244r	243g	173b	
0c	15m	50y	20k	210r	180g	120b	
0c	10m	60y	10k	233r	203g	116b	

35c	20m	60y	30k	129r	136g	95b	
20c	0m	20y	20k	168r	192g	177b	
10c	5m	30y	5k	217r	216g	178b	
0c	35m	100y	30k	186r	131g	13b	
10c	30m	100y	0k	230r	177g	34b	

30c	15m	30y	30k	135r	147g	136b	
10c	0m	20y	20k	189r	200g	178b	
10c	10m	40y	10k	208r	197g	151b	
0c	25m	100y	20k	209r	160g	13b	
0c	15m	100y	20k	212r	176g	4b	

75c	0m	60y	0k	29r	183g	141b	
35c	0m	50y	0k	171r	214g	155b	
5c	0m	40y	0k	244r	243g	173b	
65c	0m	40y	30k	53r	145g	131b	
35c	0m	0y	0k	157r	220g	249b	

45c	0m	70y	30k	108r	153g	91b	
15c	0m	70y	20k	184r	191g	96b	
15c	0m	30y	0k	218r	234g	193b	
40c	10m	0y	0k	146r	197g	234b	
35c	10m	20y	0k	166r	199g	199b	

35c	0m	100y	0k	179r	210g	52b	
15c	0m	60y	0k	222r	231g	135b	
10c	0m	10y	0k	227r	242g	231b	
70c	20m	0y	20k	45r	137g	185b	
40c	20m	0y	0k	149r	181g	223b	

45c	30m	70y	40k	100r	106g	70b	
20c	20m	60y	20k	172r	159g	104b	
10c	5m	60y	0k	233r	224g	131b	
55c	10m	20y	0k	112r	185g	198b	
35c	0m	20y	0k	164r	218g	210b	

25c	30m	80y	30k	146r	127g	62b	
10c	15m	80y	20k	191r	170g	69b	
10c	10m	40y	10k	208r	197g	151b	
70c	50m	30y	30k	72r	91g	113b	
20c	0m	10y	20k	167r	193g	192b	

40c	55m	70y	40k	109r	82g	61b	
25c	10m	40y	20k	161r	171g	139b	
10c	5m	40y	0k	231r	226g	169b	
45c	10m	10y	40k	91r	130g	146b	
35c	10m	10y	10k	149r	183g	197b	

50c	30m	40y	50k	78r	93g	89b	
65c	0m	40y	0k	76r	191g	173b	
45c	0m	40y	0k	141r	207g	173b	
40c	30m	10y	40k	104r	111g	132b	
35c	0m	0y	20k	131r	183g	208b	

90c	0m	50y	0k	0r	174g	156b	
30c	25m	100y	0k	189r	174g	50b	
25c	0m	80y	0k	200r	220g	93b	
80c	60m	0y	40k	42r	69g	122b	
75c	40m	0y	0k	62r	133g	198b	

In this section, the chapter's green hues are joined by complements and near-complements from the violet, red and orange chapters. Palettes of opposing hues such as these tend to be more visually active than monochromatic combinations or those made of hues from neighboring positions on the color wheel.

40c	0m	40y	30k		115r	159g	132b	
15c	0m	60y	0k		222r	231g	135b	
30c	30m	0y	0k		175r	171g	213b	

60c	0m	100y	40k		69r	129g	43b	
60c	0m	80y	0k		109r	192g	103b	
10c	20m	0y	0k		223r	204g	228b	

30c	15m	30y	30k		135r	147g	136b	
10c	10m	60y	10k		209r	195g	118b	
20c	70m	0y	0k		199r	108g	171b	

75c	0m	60y	0k		29r	183g	141b	
40c	0m	30y	0k		153r	212g	191b	
15c	100m	0y	35k		148r	0g	100b	

10c	15m	80y	20k		191r	170g	69b	
25c	0m	80y	0k		200r	220g	93b	
25c	70m	20y	40k		128r	69g	98b	
35c	20m	60y	30k		129r	136g	95b	
25c	0m	50y	20k		161r	185g	130b	
5c	50m	10y	20k		192r	124g	148b	
65c	0m	40y	0k		76r	191g	173b	
35c	0m	50y	0k		171r	214g	155b	
0c	45m	10y	0k		246r	162g	182b	
45c	0m	30y	20k	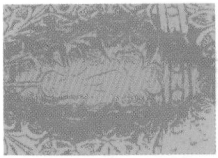	115r	173g	160b	
10c	10m	60y	10k		209r	195g	118b	
0c	45m	25y	0k		247r	161g	161b	
45c	30m	70y	40k		100r	106g	70b	
10c	5m	30y	5k		217r	216g	178b	
0c	65m	40y	0k		243r	123g	125b	

45c	0m	70y	30k	108r	153g	91b	
25c	0m	80y	0k	200r	220g	93b	
0c	100m	80y	20k	196r	18g	47b	

40c	0m	100y	30k	121r	154g	40b	
15c	0m	70y	20k	184r	191g	96b	
0c	45m	40y	0k	247r	160g	139b	

10c	25m	100y	30k	170r	139g	21b	
10c	10m	40y	20k	189r	181g	139b	
0c	65m	60y	10k	220r	111g	90b	

40c	5m	50y	40k	104r	135g	102b	
25c	0m	30y	0k	192r	225g	192b	
0c	60m	60y	0k	245r	132g	102b	

20c	20m	60y	20k	172r	159g	104b	
30c	25m	100y	0k	189r	174g	50b	
0c	30m	30y	0k	251r	189g	167b	

65c	0m	40y	30k		53r	145g	131b	
10c	0m	10y	0k		227r	242g	231b	
0c	45m	70y	0k		248r	158g	93b	

30c	15m	30y	30k		135r	147g	136b	
25c	10m	40y	20k		161r	171g	139b	
0c	25m	50y	0k		253r	197g	137b	

25c	30m	80y	30k		146r	127g	62b	
45c	0m	30y	20k		115r	173g	160b	
0c	15m	50y	0k		255r	117g	143b	

60c	0m	100y	40k		69r	129g	43b	
10c	5m	60y	0k		233r	224g	131b	
0c	35m	90y	0k		251r	176g	52b	

45c	30m	70y	40k		100r	106g	70b	
10c	15m	80y	20k		191r	170g	69b	
10c	50m	100y	0k		226r	143g	38b	

60c	0m	80y	0k	109r	192g	103b	
40c	0m	30y	0k	153r	212g	191b	
5c	0m	40y	0k	244r	243g	173b	
15c	15m	0y	0k	212r	209g	233b	

40c	0m	100y	30k	121r	154g	40b	
35c	0m	50y	0k	171r	214g	155b	
10c	5m	60y	0k	233r	224g	131b	
65c	90m	0y	0k	117r	64g	152b	

50c	30m	40y	50k	78r	93g	89b	
25c	30m	80y	30k	146r	127g	62b	
15c	0m	70y	20k	184r	191g	96b	
10c	50m	0y	0k	219r	147g	192b	

40c	0m	40y	30k	115r	159g	132b	
45c	0m	40y	0k	141r	207g	173b	
15c	0m	30y	0k	218r	234g	193b	
5c	45m	0y	0k	231r	159g	198b	

30c	40m	60y	30k	137r	114g	86b	
30c	25m	100y	0k	189r	174g	50b	
10c	10m	40y	10k	208r	197g	151b	
5c	50m	10y	20k	192r	124g	148b	

20c	20m	60y	20k	172r	159g	104b	
25c	0m	50y	20k	161r	185g	130b	
25c	0m	30y	0k	192r	225g	192b	
55c	60m	0y	30k	97r	84g	137b	

70c	30m	60y	40k	57r	99g	83b	
100c	0m	80y	0k	0r	167g	109b	
10c	15m	80y	20k	191r	170g	69b	
30c	90m	0y	30k	136r	41g	114b	

45c	30m	70y	40k	100r	106g	70b	
45c	0m	70y	30k	108r	153g	91b	
10c	0m	30y	20k	190r	198g	162b	
0c	15m	0y	0k	252r	223g	235b	

40c	5m	50y	40k	104r	135g	102b	
10c	10m	40y	20k	189r	181g	139b	
10c	5m	40y	0k	231r	226g	169b	
0c	60m	30y	0k	244r	133g	141b	

40c	55m	70y	40k	109r	82g	61b	
35c	20m	60y	30k	129r	136g	95b	
35c	0m	100y	0k	179r	210g	52b	
0c	90m	60y	0k	239r	65g	86b	

50c	30m	40y	50k	78r	93g	89b	
5c	0m	40y	20k	201r	201g	146b	
15c	0m	60y	0k	222r	231g	135b	
0c	100m	80y	35k	167r	9g	37b	

70c	30m	60y	40k	57r	99g	83b	
35c	20m	60y	30k	129r	136g	95b	
10c	0m	10y	0k	227r	242g	231b	
0c	65m	50y	10k	220r	111g	101b	

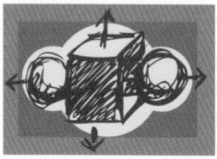

25c	30m	80y	30k	146r	127g	62b	
10c	10m	40y	20k	189r	181g	139b	
10c	10m	40y	10k	208r	197g	151b	
0c	65m	60y	0k	244r	122g	99b	

45c	30m	70y	40k	100r	106g	70b	
60c	0m	100y	40k	69r	129g	43b	
40c	0m	100y	30k	121r	154g	40b	
0c	40m	30y	0k	248r	170g	158b	

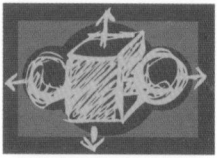

40c	25m	40y	40k	106r	115g	104b	
10c	25m	100y	30k	170r	139g	21b	
30c	25m	100y	0k	189r	174g	50b	
0c	45m	50y	0k	248r	159g	124b	

40c	55m	70y	40k		109r	82g	61b
30c	15m	30y	30k		135r	147g	136b
20c	0m	20y	20k		168r	192g	177b
0c	20m	30y	0k		253r	209g	175b

30c	40m	60y	30k		137r	114g	86b
25c	10m	40y	20k		161r	171g	139b
5c	0m	40y	0k		244r	243g	173b
0c	35m	70y	0k		251r	177g	97b

65c	0m	40y	30k		53r	145g	131b
20c	20m	60y	20k		172r	159g	104b
25c	0m	30y	20k		159r	188g	161b
10c	20m	30y	0k		227r	201g	175b

90c	0m	50y	0k		0r	174g	156b
75c	0m	60y	0k		29r	183g	141b
60c	0m	80y	0k		109r	192g	103b
0c	25m	70y	0k		254r	196g	101b

40c	5m	50y	40k		104r	135g	102b
10c	5m	60y	0k		233r	224g	131b
15c	0m	30y	0k		218r	234g	193b
10c	50m	100y	0k		226r	143g	38b

30c	15m	30y	30k	135r	147g	136b	
35c	0m	50y	0k	171r	214g	155b	
15c	0m	60y	0k	222r	231g	135b	
10c	0m	10y	0k	227r	242g	231b	
20c	30m	0y	0k	199r	178g	214b	

65c	0m	40y	30k	53r	145g	131b	
90c	0m	50y	0k	0r	174g	156b	
5c	0m	40y	0k	244r	243g	173b	
30c	30m	0y	0k	175r	171g	213b	
10c	20m	0y	0k	223r	204g	228b	

45c	30m	70y	40k	100r	106g	70b	
25c	30m	80y	30k	146r	127g	62b	
10c	5m	40y	0k	231r	226g	169b	
20c	40m	0y	10k	181r	146g	185b	
15c	40m	0y	0k	210r	163g	203b	

80c	0m	100y	0k	13r	177g	75b	
35c	0m	100y	0k	179r	210g	52b	
40c	0m	30y	0k	153r	212g	191b	
50c	80m	20y	40k	97r	51g	93b	
30c	90m	0y	0k	179r	63g	151b	

30c	40m	60y	30k	137r	114g	86b	
20c	20m	60y	20k	172r	159g	104b	
10c	10m	40y	10k	208r	197g	151b	
5c	50m	10y	20k	192r	124g	148b	
10c	50m	0y	0k	219r	147g	192b	

35c	20m	60y	30k		129r	136g	95b
40c	0m	40y	30k		115r	159g	132b
10c	0m	30y	20k		190r	198g	162b
35c	30m	0y	10k		150r	154g	194b
20c	30m	0y	10k		181r	162g	195b

40c	25m	40y	40k		106r	115g	104b
45c	0m	30y	20k		115r	173g	160b
45c	0m	40y	0k		141r	207g	173b
10c	50m	10y	30k		165r	110g	133b
0c	35m	0y	10k		223r	166g	192b

70c	30m	60y	40k		57r	99g	83b
25c	30m	80y	30k		146r	127g	62b
10c	25m	100y	30k		170r	139g	21b
30c	25m	100y	0k		189r	174g	50b
0c	55m	30y	0k		245r	143g	146b

60c	0m	100y	40k		69r	129g	43b
40c	0m	100y	30k		121r	154g	40b
15c	0m	70y	20k		184r	191g	96b
0c	65m	20y	0k		242r	124g	150b
0c	45m	25y	0k		247r	161g	161b

50c	30m	40y	50k		78r	93g	89b
10c	5m	30y	5k		217r	216g	178b
10c	5m	40y	0k		231r	226g	169b
20c	55m	30y	20k		168r	111g	122b
10c	65m	40y	0k		221r	119g	125b

35c	20m	60y	30k		129r	136g	95b	
20c	20m	60y	20k		172r	159g	104b	
10c	10m	40y	10k		208r	197g	151b	
0c	65m	50y	10k		220r	111g	101b	
0c	65m	60y	0k		244r	122g	99b	
45c	30m	70y	40k		100r	106g	70b	
10c	0m	20y	20k		189r	200g	178b	
25c	0m	30y	0k		192r	225g	192b	
10c	65m	40y	20k		183r	99g	104b	
0c	65m	60y	10k		220r	111g	90b	
70c	30m	60y	40k		57r	99g	83b	
45c	0m	40y	0k		141r	207g	173b	
5c	0m	40y	0k		244r	243g	173b	
0c	100m	80y	0k		237r	26g	58b	
0c	100m	0y	0k		236r	0g	140b	
10c	25m	100y	30k		170r	139g	21b	
30c	15m	30y	30k		135r	147g	136b	
15c	0m	70y	20k		184r	191g	96b	
20c	15m	80y	0k		211r	198g	87b	
0c	35m	50y	0k		250r	179g	131b	
30c	40m	60y	30k		137r	114g	86b	
40c	0m	100y	30k		121r	154g	40b	
35c	0m	100y	0k		179r	210g	52b	
0c	60m	60y	0k		245r	132g	102b	
0c	45m	50y	0k		248r	159g	124b	

40c	25m	40y	40k		106r	115g	104b
45c	0m	70y	30k		108r	153g	91b
15c	0m	30y	0k		218r	234g	193b
0c	55m	70y	0k		246r	140g	89b
0c	45m	70y	0k		248r	158g	93b

40c	55m	70y	40k		109r	82g	61b
65c	0m	40y	30k		53r	145g	131b
25c	0m	90y	20k		165r	182g	56b
0c	80m	80y	0k		241r	90g	64b
0c	50m	100y	0k		247r	147g	29b

50c	30m	40y	50k		78r	93g	89b
90c	0m	50y	0k		0r	174g	156b
40c	0m	30y	0k		153r	212g	191b
0c	25m	70y	0k		254r	196g	101b
0c	20m	30y	0k		253r	209g	175b

25c	30m	80y	30k		146r	127g	62b
30c	25m	100y	0k		189r	174g	50b
10c	15m	40y	20k		189r	174g	136b
10c	50m	100y	0k		226r	143g	38b
0c	35m	90y	0k		251r	176g	52b

40c	5m	50y	40k		104r	135g	102b
10c	10m	60y	10k		209r	195g	118b
10c	5m	40y	0k		231r	226g	169b
10c	50m	80y	0k		225r	143g	75b
0c	35m	70y	0k		251r	177g	97b

In the following samples, this chapter's green hues are added to palettes dominated by a broad range of neutral colors. Some of the neutrals are brown or skin tones; others are grays that contain suggestions of a particular hue. Simple grays (tints of black) are featured in the section that follows.

20c	15m	80y	0k		211r	198g	87b
40c	60m	80y	30k		123r	87g	56b
5c	0m	20y	50k		139r	144g	127b
5c	0m	40y	0k		244r	243g	173b
0c	30m	50y	50k		146r	109g	77b
0c	10m	40y	30k		189r	169g	125b
35c	0m	50y	0k		171r	214g	155b
10c	5m	0y	70k		97r	101g	109b
10c	15m	0y	40k		148r	143g	158b
45c	0m	40y	0k		141r	207g	173b
25c	60m	80y	40k		129r	80g	46b
0c	35m	70y	20k		207r	147g	81b

90c	0m	50y	0k		0r	174g	156b	
0c	10m	40y	60k		129r	115g	84b	
0c	10m	30y	40k		168r	152g	124b	

35c	0m	100y	0k		179r	210g	52b	
40c	40m	30y	40k		107r	100g	106b	
30c	40m	30y	20k		151r	128g	132b	

10c	15m	80y	20k		191r	170g	69b	
0c	15m	20y	60k		128r	112g	102b	
0c	10m	30y	20k		210r	189g	154b	

15c	0m	70y	20k		184r	191g	96b	
0c	5m	20y	20k		211r	198g	173b	
5c	10m	30y	0k		241r	223g	183b	

20c	20m	60y	20k		172r	159g	104b	
10c	40m	60y	30k		167r	121g	84b	
0c	10m	40y	20k		211r	188g	139b	

25c	0m	50y	20k	161r	185g	130b	
30c	45m	40y	40k	122r	97g	94b	
30c	10m	20y	40k	118r	137g	136b	

35c	20m	60y	30k	129r	136g	95b	
0c	30m	50y	30k	186r	140g	100b	
0c	25m	30y	20k	207r	166g	144b	

40c	5m	50y	40k	104r	135g	102b	
30c	70m	100y	40k	122r	68g	24b	
0c	5m	20y	10k	231r	217g	189b	

45c	0m	30y	20k	115r	173g	160b	
15c	40m	100y	30k	161r	118g	25b	
5c	10m	30y	10k	218r	202g	168b	

30c	15m	30y	30k	135r	147g	136b	
40c	60m	80y	30k	123r	87g	56b	
0c	10m	20y	10k	230r	208g	185b	

5c	0m	40y	0k	244r	243g	173b	
0c	10m	20y	50k	147r	134g	120b	
0c	10m	30y	30k	189r	170g	139b	
0c	5m	20y	10k	231r	217g	189b	

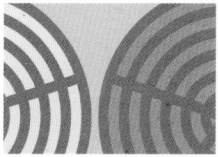

15c	0m	30y	0k	218r	234g	193b	
10c	45m	40y	40k	149r	103g	93b	
30c	40m	30y	20k	151r	128g	132b	
5c	0m	20y	40k	159r	163g	144b	

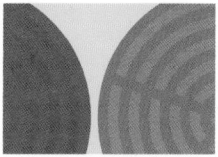

75c	0m	60y	0k	29r	183g	141b	
25c	60m	100y	40k	129r	80g	23b	
10c	20m	50y	20k	189r	165g	118b	
5c	10m	30y	10k	218r	202g	168b	

40c	0m	30y	0k	153r	212g	191b	
25c	60m	80y	40k	129r	80g	46b	
20c	30m	30y	10k	186r	160g	152b	
0c	10m	40y	30k	189r	169g	125b	

90c	0m	50y	0k	0r	174g	156b	
0c	15m	20y	70k	109r	95g	87b	
10c	5m	0y	60k	114r	119g	128b	
0c	10m	40y	50k	148r	132g	98b	

10c	10m	60y	10k		209r	195g	118b	
30c	30m	20y	20k		150r	143g	152b	
5c	0m	20y	40k		159r	163g	144b	
10c	15m	10y	10k		204r	193g	195b	

25c	0m	90y	20k		165r	182g	56b	
15c	40m	100y	30k		161r	118g	25b	
0c	45m	90y	20k		205r	130g	42b	
10c	50m	100y	0k		226r	143g	38b	

5c	0m	40y	20k		201r	201g	146b	
0c	10m	30y	70k		109r	98g	80b	
0c	10m	20y	50k		147r	134g	120b	
0c	15m	20y	40k		167r	147g	134b	

10c	10m	40y	20k		189r	181g	139b	
0c	30m	40y	50k		146r	110g	88b	
5c	20m	30y	10k		216r	186g	160b	
0c	5m	20y	10k		231r	217g	189b	

60c	0m	100y	40k		69r	129g	43b	
0c	10m	40y	70k		110r	98g	70b	
5c	0m	20y	60k		122r	126g	111b	
5c	0m	10y	30k		178r	184g	175b	

25c	10m	40y	20k	161r	171g	139b	
0c	30m	30y	60k	127r	96g	85b	
0c	20m	20y	40k	166r	141g	131b	
0c	30m	50y	20k	207r	156g	112b	

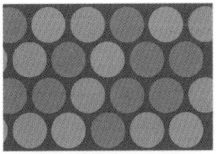

25c	0m	30y	20k	159r	188g	161b	
0c	30m	50y	60k	127r	95g	66b	
10c	40m	60y	30k	167r	121g	84b	
0c	30m	35y	10k	227r	172g	145b	

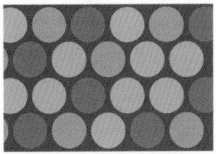

10c	0m	20y	20k	189r	200g	178b	
10c	15m	0y	60k	114r	109g	122b	
10c	10m	0y	40k	148r	148g	162b	
10c	5m	0y	20k	185r	192g	205b	

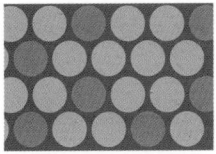

70c	30m	60y	40k	57r	99g	83b	
10c	5m	0y	70k	97r	101g	109b	
0c	10m	30y	70k	109r	98g	80b	
0c	10m	40y	60k	129r	115g	84b	

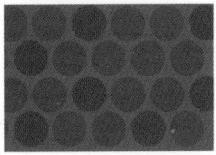

65c	0m	40y	30k	53r	145g	131b	
5c	0m	20y	70k	103r	107g	94b	
20c	10m	20y	30k	152r	159g	152b	
10c	10m	10y	10k	205r	201g	199b	

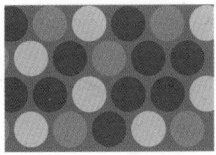

60c	0m	80y	0k	109r	192g	103b	
10c	15m	0y	70k	97r	92g	104b	
10c	5m	0y	60k	114r	119g	128b	
10c	10m	0y	40k	148r	148g	162b	
10c	15m	0y	20k	185r	177g	195b	

5c	0m	40y	20k	201r	201g	146b	
10c	5m	60y	0k	233r	224g	131b	
0c	10m	30y	70k	109r	98g	80b	
0c	5m	20y	50k	148r	140g	123b	
0c	10m	40y	30k	189r	169g	125b	

35c	0m	50y	0k	171r	214g	155b	
5c	0m	40y	0k	244r	243g	173b	
25c	60m	80y	40k	129r	80g	46b	
0c	30m	40y	50k	146r	110g	88b	
0c	30m	50y	30k	186r	140g	100b	

65c	0m	40y	0k	76r	191g	173b	
45c	0m	40y	0k	141r	207g	173b	
0c	5m	20y	60k	129r	122g	107b	
0c	10m	40y	40k	168r	151g	112b	
10c	20m	50y	20k	189r	165g	118b	

40c	0m	100y	30k	121r	154g	40b	
35c	0m	100y	0k	179r	210g	52b	
10c	45m	40y	40k	149r	103g	93b	
30c	40m	30y	20k	151r	128g	132b	
5c	20m	10y	20k	196r	172g	175b	

70c	30m	60y	40k		57r	99g	83b
90c	0m	50y	0k		0r	174g	156b
0c	25m	40y	20k		208r	165g	129b
0c	30m	45y	10k		227r	171g	130b
0c	15m	30y	10k		230r	199g	164b

45c	0m	70y	30k		108r	153g	91b
25c	0m	80y	0k		200r	220g	93b
0c	10m	40y	70k		110r	98g	70b
15c	40m	100y	30k		161r	118g	25b
0c	10m	40y	50k		148r	132g	98b

20c	20m	60y	20k		172r	159g	104b
10c	10m	40y	10k		208r	197g	151b
40c	60m	80y	30k		123r	87g	56b
25c	40m	50y	20k		161r	129g	107b
20c	30m	30y	10k		186r	160g	152b

25c	30m	80y	30k		146r	127g	62b
10c	15m	80y	20k		191r	170g	69b
0c	10m	20y	70k		109r	99g	89b
0c	15m	20y	20k		209r	183g	166b
0c	5m	20y	10k		231r	217g	189b

45c	30m	70y	40k		100r	106g	70b
40c	0m	100y	30k		121r	154g	40b
10c	40m	60y	30k		167r	121g	84b
0c	25m	40y	30k		187r	148g	117b
0c	10m	40y	20k		211r	188g	139b

In this final section of chapter 6, the green hues are combined with black and tints of black. Consider ideas such as these when seeking ideas for jobs that are limited to black plus one other color of ink. Explore palette solutions where black inks are given prominence, as well as those where the color is allowed to dominate the scheme.

10c	5m	60y	0k	233r	224g	131b	
0c	0m	0y	100k	0r	0g	0b	
0c	0m	0y	50k	149r	149g	149b	

10c	15m	80y	20k	191r	170g	69b	
0c	0m	0y	100k	0r	0g	0b	
0c	0m	0y	70k	111r	111g	111b	

35c	0m	100y	0k	179r	210g	52b	
0c	0m	0y	100k	0r	0g	0b	
0c	0m	0y	30k	189r	189g	189b	

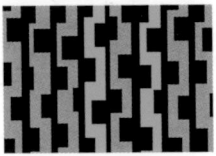

25c	0m	90y	20k	165r	182g	56b	
0c	0m	0y	100k	0r	0g	0b	
0c	0m	0y	20k	211r	211g	211b	

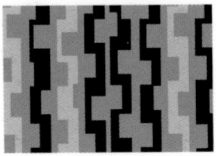

20c	20m	60y	20k	172r	159g	104b	
0c	0m	0y	100k	0r	0g	0b	
0c	0m	0y	70k	111r	111g	111b	

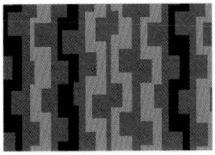

35c	0m	50y	0k	171r	214g	155b	
0c	0m	0y	100k	0r	0g	0b	
0c	0m	0y	10k	231r	231g	231b	

25c	0m	50y	20k	161r	185g	130b	
0c	0m	0y	100k	0r	0g	0b	
0c	0m	0y	40k	169r	169g	169b	

35c	20m	60y	30k	129r	136g	95b	
0c	0m	0y	100k	0r	0g	0b	
0c	0m	0y	30k	189r	189g	189b	

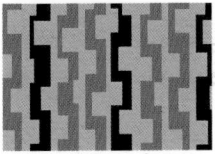

75c	0m	60y	0k	29r	183g	141b	
0c	0m	0y	100k	0r	0g	0b	
0c	0m	0y	60k	130r	130g	130b	

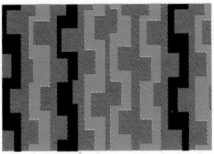

100c	0m	80y	0k	0r	167g	109b
0c	0m	0y	100k	0r	0g	0b
0c	0m	0y	30k	189r	189g	189b

40c	5m	50y	40k	104r	135g	102b
0c	0m	0y	100k	0r	0g	0b
0c	0m	0y	80k	89r	89g	89b

90c	0m	50y	0k	0r	174g	156b
0c	0m	0y	100k	0r	0g	0b
0c	0m	0y	40k	169r	169g	169b

40c	0m	30y	0k	153r	212g	191b
0c	0m	0y	100k	0r	0g	0b
0c	0m	0y	60k	130r	130g	130b

45c	0m	30y	20k	115r	173g	160b
0c	0m	0y	100k	0r	0g	0b
0c	0m	0y	30k	189r	189g	189b

30c	25m	100y	0k	189r	174g	50b	
0c	0m	0y	100k	0r	0g	0b	
0c	0m	0y	60k	130r	130g	130b	
0c	0m	0y	10k	231r	231g	231b	

10c	5m	40y	0k	231r	226g	169b	
0c	0m	0y	100k	0r	0g	0b	
0c	0m	0y	60k	130r	130g	130b	
0c	0m	0y	30k	189r	189g	189b	

10c	10m	60y	10k	209r	195g	118b	
0c	0m	0y	100k	0r	0g	0b	
0c	0m	0y	80k	89r	89g	89b	
0c	0m	0y	40k	169r	169g	169b	

20c	30m	50y	20k	171r	145g	113b	
0c	0m	0y	100k	0r	0g	0b	
0c	0m	0y	60k	130r	130g	130b	
0c	0m	0y	20k	211r	211g	211b	

25c	0m	80y	0k	200r	220g	93b	
0c	0m	0y	100k	0r	0g	0b	
0c	0m	0y	30k	189r	189g	189b	
0c	0m	0y	10k	231r	231g	231b	

15c	0m	70y	20k	184r	191g	96b	
0c	0m	0y	100k	0r	0g	0b	
0c	0m	0y	70k	111r	111g	111b	
0c	0m	0y	10k	231r	231g	231b	

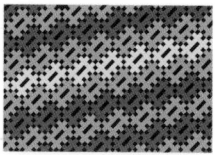

25c	30m	80y	30k	146r	127g	62b	
0c	0m	0y	100k	0r	0g	0b	
0c	0m	0y	60k	130r	130g	130b	
0c	0m	0y	30k	189r	189g	189b	

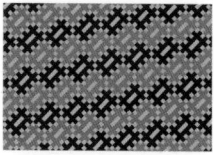

60c	0m	80y	0k	109r	192g	103b	
0c	0m	0y	100k	0r	0g	0b	
0c	0m	0y	80k	89r	89g	89b	
0c	0m	0y	20k	211r	211g	211b	

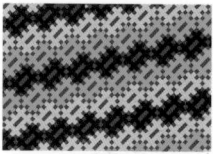

45c	0m	70y	30k	108r	153g	91b	
0c	0m	0y	100k	0r	0g	0b	
0c	0m	0y	70k	111r	111g	111b	
0c	0m	0y	30k	189r	189g	189b	

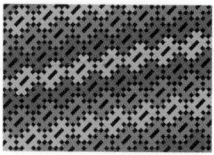

10c	0m	30y	20k	190r	198g	162b	
0c	0m	0y	100k	0r	0g	0b	
0c	0m	0y	50k	149r	149g	149b	
0c	0m	0y	40k	169r	169g	169b	

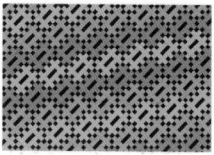

25c	10m	40y	20k	161r	171g	139b	
0c	0m	0y	100k	0r	0g	0b	
0c	0m	0y	80k	89r	89g	89b	
0c	0m	0y	20k	211r	211g	211b	

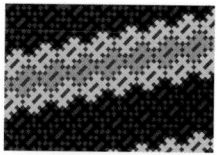

45c	0m	40y	0k	141r	207g	173b	
0c	0m	0y	100k	0r	0g	0b	
0c	0m	0y	60k	130r	130g	130b	
0c	0m	0y	10k	231r	231g	231b	

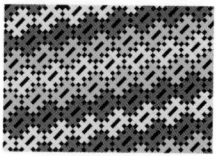

40c	0m	40y	30k	115r	159g	132b	
0c	0m	0y	100k	0r	0g	0b	
0c	0m	0y	70k	111r	111g	111b	
0c	0m	0y	40k	169r	169g	169b	

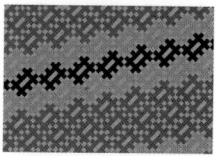

65c	0m	40y	0k	76r	191g	173b	
0c	0m	0y	100k	0r	0g	0b	
0c	0m	0y	30k	189r	189g	189b	
0c	0m	0y	20k	211r	211g	211b	

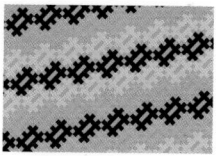

65c	0m	40y	30k	53r	145g	131b	
0c	0m	0y	100k	0r	0g	0b	
0c	0m	0y	80k	89r	89g	89b	
0c	0m	0y	30k	189r	189g	189b	

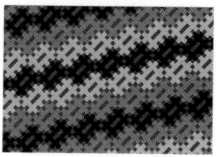

75c	0m	60y	0k	29r	183g	141b	
0c	0m	0y	100k	0r	0g	0b	
0c	0m	0y	70k	111r	111g	111b	
0c	0m	0y	30k	189r	189g	189b	
0c	0m	0y	10k	231r	231g	231b	

10c	15m	80y	20k	191r	170g	69b	
35c	0m	100y	0k	179r	210g	52b	
0c	0m	0y	100k	0r	0g	0b	
0c	0m	0y	50k	149r	149g	149b	
0c	0m	0y	20k	211r	211g	211b	

10c	10m	40y	20k	189r	181g	139b	
10c	5m	60y	0k	233r	224g	131b	
0c	0m	0y	100k	0r	0g	0b	
0c	0m	0y	80k	89r	89g	89b	
0c	0m	0y	40k	169r	169g	169b	

35c	20m	60y	30k	129r	136g	95b	
15c	0m	70y	20k	184r	191g	96b	
0c	0m	0y	100k	0r	0g	0b	
0c	0m	0y	30k	189r	189g	189b	
0c	0m	0y	10k	231r	231g	231b	

45c	0m	30y	20k	115r	173g	160b	
35c	0m	50y	0k	171r	214g	155b	
0c	0m	0y	100k	0r	0g	0b	
0c	0m	0y	60k	130r	130g	130b	
0c	0m	0y	40k	169r	169g	169b	

25c	0m	30y	20k	159r	188g	161b	
40c	0m	30y	0k	153r	212g	191b	
0c	0m	0y	100k	0r	0g	0b	
0c	0m	0y	70k	111r	111g	111b	
0c	0m	0y	50k	149r	149g	149b	

70c	30m	60y	40k	57r	99g	83b	
25c	0m	30y	0k	192r	225g	192b	
0c	0m	0y	100k	0r	0g	0b	
0c	0m	0y	80k	89r	89g	89b	
0c	0m	0y	40k	169r	169g	169b	

30c	15m	30y	30k	135r	147g	136b	
25c	10m	40y	20k	161r	171g	139b	
0c	0m	0y	100k	0r	0g	0b	
0c	0m	0y	60k	130r	130g	130b	
0c	0m	0y	20k	211r	211g	211b	

45c	0m	70y	30k	108r	153g	91b	
10c	0m	30y	20k	190r	198g	162b	
0c	0m	0y	100k	0r	0g	0b	
0c	0m	0y	30k	189r	189g	189b	
0c	0m	0y	10k	231r	231g	231b	

40c	5m	50y	40k	104r	135g	102b	
30c	25m	100y	0k	189r	174g	50b	
0c	0m	0y	100k	0r	0g	0b	
0c	0m	0y	60k	130r	130g	130b	
0c	0m	0y	40k	169r	169g	169b	

7: MIXED

Hues from around the spectrum;
saturations from intense to muted;
values from light to dark.

CHAPTER CONTENTS:

318-327
Mixed Combinations of Saturated Hues

328-337
Mixed Combinations of Semi-Muted Hues

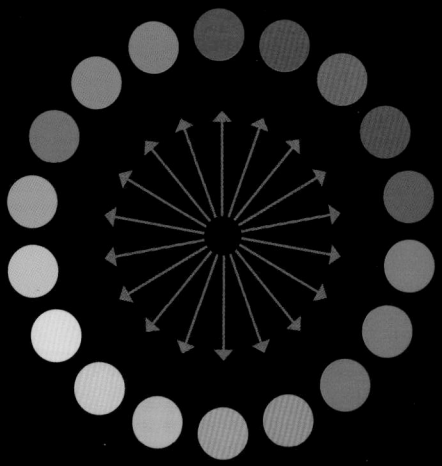

338-347
Mixed Combinations of Neutrals and Muted Hues

348-357
Mixed Combinations of Neutrals and Saturated Hues

This section of the mixed chapter features combinations of relatively intense hues from around the color wheel. Unlike the palettes shown in the other chapters, these color combos are not dominated by a particular hue. Saturated palettes such as these can be used to infuse images with high levels of visual energy.

55c	10m	20y	0k		112r	185g	198b
0c	30m	0y	0k		248r	193g	217b
0c	10m	50y	0k		255r	225g	146b

60c	0m	30y	0k		91r	196g	190b
0c	60m	30y	0k		244r	133g	141b
0c	0m	25y	0k		255r	251g	203b

90c	0m	40y	0k		0r	175g	173b
0c	45m	30y	0k		247r	161g	154b
0c	3m	40y	0k		255r	240g	170b

0c	90m	60y	0k		239r	65g	86b
40c	20m	0y	0k		149r	181g	223b
0c	25m	90y	0k		254r	194g	51b

0c	40m	30y	0k		248r	170g	158b	
15c	15m	0y	0k		212r	209g	233b	
15c	0m	30y	0k		218r	234g	193b	
15c	40m	0y	0k		210r	163g	203b	
0c	45m	70y	0k		248r	158g	93b	
25c	0m	80y	0k		200r	220g	93b	
45c	60m	0y	0k		148r	116g	180b	
0c	55m	70y	0k		246r	140g	89b	
40c	0m	30y	0k		153r	212g	191b	
40c	0m	100y	30k		121r	154g	40b	
5c	45m	0y	0k		231r	159g	198b	
0c	35m	70y	0k		251r	177g	97b	
15c	80m	0y	20k		173r	71g	134b	
0c	25m	70y	0k		254r	196g	101b	
10c	5m	60y	0k		233r	224g	131b	

45c	0m	40y	0k	141r	207g	173b	
0c	30m	20y	0k	250r	190g	183b	
15c	0m	0y	0k	212r	239g	252b	
0c	5m	30y	0k	255r	238g	188b	

60c	0m	30y	0k	91r	196g	190b	
0c	45m	40y	0k	247r	160g	139b	
0c	25m	50y	0k	253r	197g	137b	
0c	5m	50y	0k	255r	235g	149b	

15c	100m	0y	35k	148r	0g	100b	
0c	100m	20y	0k	237r	6g	119b	
80c	20m	0y	0k	0r	158g	219b	
0c	10m	100y	10k	234r	200g	0b	

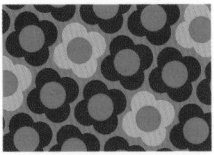

20c	100m	50y	0k	200r	33g	93b	
75c	20m	20y	0k	42r	159g	188b	
0c	50m	100y	0k	247r	147g	29b	
0c	25m	90y	0k	254r	194g	51b	

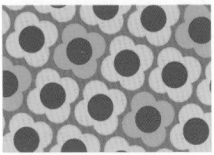

100c	70m	0y	0k	0r	91g	171b	
0c	65m	40y	0k	243r	123g	125b	
35c	0m	100y	0k	179r	210g	52b	
0c	5m	75y	0k	255r	232g	94b	

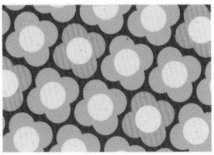

0c	55m	30y	0k	245r	143g	146b	
40c	10m	0y	0k	146r	197g	234b	
35c	0m	20y	0k	164r	218g	210b	
0c	0m	50y	0k	255r	247g	153b	

90c	0m	0y	50k	0r	107g	145b	
0c	90m	60y	0k	239r	65g	86b	
0c	35m	90y	0k	251r	176g	52b	
0c	15m	70y	0k	255r	215g	105b	

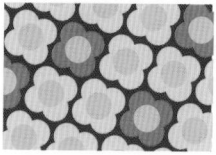

0c	100m	0y	0k	236r	0g	140b	
0c	90m	100y	0k	239r	65g	35b	
60c	0m	10y	30k	58r	150g	170b	
0c	15m	100y	20k	212r	176g	4b	

30c	90m	0y	0k	179r	63g	151b	
100c	30m	20y	0k	0r	136g	178b	
0c	100m	50y	0k	237r	20g	90b	
0c	15m	100y	0k	255r	212g	0b	

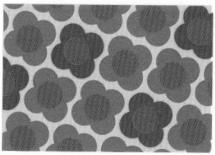

90c	0m	50y	0k	0r	174g	156b	
0c	45m	25y	0k	247r	161g	161b	
35c	0m	0y	0k	157r	220g	249b	
0c	10m	80y	0k	255r	222g	79b	

45c	60m	0y	0k	148r	116g	180b	
0c	55m	70y	0k	246r	140g	89b	
25c	0m	80y	0k	200r	220g	93b	
0c	0m	25y	0k	255r	251g	203b	

60c	0m	30y	0k	91r	196g	190b	
45c	0m	40y	0k	141r	207g	173b	
0c	25m	50y	0k	253r	197g	137b	
5c	20m	0y	0k	235r	208g	228b	

65c	90m	0y	0k	117r	64g	152b	
0c	90m	60y	0k	239r	65g	86b	
65c	0m	40y	0k	76r	191g	173b	
0c	50m	100y	0k	247r	147g	29b	

100c	50m	0y	0k	0r	113g	188b	
60c	0m	80y	0k	109r	192g	103b	
10c	50m	0y	0k	219r	147g	192b	
0c	35m	90y	0k	251r	176g	52b	

0c	100m	80y	20k	196r	18g	47b	
0c	80m	80y	0k	241r	90g	64b	
5c	45m	0y	0k	231r	159g	198b	
10c	5m	60y	0k	233r	224g	131b	

0c	30m	30y	0k	251r	189g	167b
0c	25m	0y	0k	249r	203g	223b
0c	15m	30y	0k	254r	219g	180b
5c	0m	40y	0k	244r	243g	173b

10c	50m	0y	0k	219r	147g	192b
20c	30m	0y	0k	199r	178g	214b
0c	35m	50y	0k	250r	179g	131b
15c	0m	30y	0k	218r	234g	193b

45c	90m	0y	0k	153r	63g	152b
90c	0m	50y	0k	0r	174g	156b
0c	60m	60y	0k	245r	132g	102b
20c	15m	80y	0k	211r	198g	87b

30c	25m	100y	0k	189r	174g	50b
15c	40m	0y	0k	210r	163g	203b
0c	10m	100y	10k	234r	200g	0b
0c	25m	70y	0k	254r	196g	101b

20c	100m	0y	0k	197r	22g	141b
0c	100m	0y	0k	236r	0g	140b
25c	0m	90y	20k	165r	182g	56b
0c	35m	70y	0k	251r	177g	97b

20c	5m	0y	0k	199r	223g	244b	
0c	20m	20y	0k	252r	210g	193b	
0c	15m	30y	0k	254r	219g	180b	
10c	0m	10y	0k	227r	242g	231b	
0c	5m	30y	0k	255r	238g	188b	

0c	45m	10y	0k	246r	162g	182b	
15c	15m	0y	0k	212r	209g	233b	
15c	0m	60y	0k	222r	231g	135b	
0c	10m	80y	0k	255r	222g	79b	
15c	0m	10y	0k	215r	237g	230b	

10c	70m	0y	0k	218r	111g	171b	
0c	65m	60y	0k	244r	122g	99b	
0c	45m	70y	0k	248r	158g	93b	
60c	0m	0y	0k	68r	199g	244b	
0c	15m	70y	0k	255r	215g	105b	

75c	40m	0y	0k	62r	133g	198b	
0c	65m	40y	0k	243r	123g	125b	
60c	0m	80y	0k	109r	192g	103b	
0c	55m	70y	0k	246r	140g	89b	
0c	5m	50y	0k	255r	235g	149b	

100c	30m	20y	0k	0r	136g	178b	
30c	60m	0y	0k	178r	122g	180b	
75c	0m	60y	0k	29r	183g	141b	
0c	60m	30y	0k	244r	133g	141b	
0c	0m	50y	0k	255r	247g	153b	

30c	90m	0y	0k	179r	63g	151b	
0c	90m	60y	0k	239r	65g	86b	
75c	20m	20y	0k	42r	159g	188b	
0c	65m	90y	0k	244r	121g	50b	
10c	30m	100y	0k	230r	177g	34b	

20c	100m	50y	0k	200r	33g	93b	
90c	0m	40y	0k	0r	175g	173b	
30c	25m	100y	0k	189r	174g	50b	
0c	50m	100y	0k	247r	147g	29b	
0c	10m	50y	0k	255r	225g	146b	

75c	70m	0y	0k	88r	95g	170b	
80c	20m	0y	0k	0r	158g	219b	
0c	100m	80y	0k	237r	26g	58b	
35c	0m	100y	0k	179r	210g	52b	
0c	25m	90y	0k	254r	194g	51b	

0c	100m	80y	35k	167r	9g	37b	
100c	70m	0y	0k	0r	91g	171b	
20c	100m	0y	0k	197r	22g	141b	
0c	80m	100y	0k	241r	90g	34b	
0c	10m	100y	10k	234r	200g	0b	

45c	80m	0y	30k	115r	59g	122b	
100c	50m	0y	0k	0r	113g	188b	
0c	90m	100y	0k	239r	65g	35b	
0c	55m	90y	0k	246r	139g	51b	
0c	15m	100y	0k	255r	212g	0b	

10c	50m	0y	0k	219r	147g	192b	
0c	45m	50y	0k	248r	159g	124b	
0c	45m	30y	0k	247r	161g	154b	
45c	0m	40y	0k	141r	207g	173b	
15c	10m	0y	0k	212r	218g	238b	

5c	60m	0y	10k	208r	119g	166b	
0c	35m	70y	0k	251r	177g	97b	
35c	0m	100y	0k	179r	210g	52b	
0c	15m	70y	0k	255r	215g	105b	
0c	20m	5y	0k	251r	212g	218b	

60c	0m	80y	0k	109r	192g	103b	
20c	30m	0y	0k	199r	178g	214b	
60c	0m	0y	0k	68r	199g	244b	
0c	40m	30y	0k	248r	170g	158b	
0c	5m	50y	0k	255r	235g	149b	

75c	40m	0y	0k	62r	133g	198b	
0c	65m	40y	0k	243r	123g	125b	
30c	30m	0y	0k	175r	171g	213b	
40c	0m	30y	0k	153r	212g	191b	
0c	25m	70y	0k	254r	196g	101b	

0c	65m	90y	0k	244r	121g	50b	
0c	15m	100y	20k	212r	176g	4b	
0c	55m	30y	0k	245r	143g	146b	
5c	30m	0y	0k	233r	188g	216b	
10c	5m	60y	0k	233r	224g	131b	

15c	100m	0y	35k		148r	0g	100b
90c	0m	40y	0k		0r	175g	173b
0c	65m	60y	0k		244r	122g	99b
0c	45m	70y	0k		248r	158g	93b
0c	25m	90y	0k		254r	194g	51b

90c	40m	0y	20k		0r	107g	166b
30c	60m	0y	0k		178r	122g	180b
0c	55m	90y	0k		246r	139g	51b
0c	10m	100y	10k		234r	200g	0b
5c	0m	40y	0k		244r	243g	173b

50c	50m	0y	0k		135r	129g	189b
0c	90m	60y	0k		239r	65g	86b
0c	55m	70y	0k		246r	140g	89b
35c	0m	100y	0k		179r	210g	52b
0c	5m	100y	0k		255r	230g	0b

45c	80m	0y	30k		115r	59g	122b
60c	0m	10y	30k		58r	150g	170b
30c	25m	100y	0k		189r	174g	50b
0c	50m	100y	0k		247r	147g	29b
0c	15m	100y	0k		255r	212g	0b

40c	0m	100y	30k		121r	154g	40b
80c	20m	0y	0k		0r	158g	219b
0c	65m	20y	0k		242r	124g	150b
5c	45m	0y	0k		231r	159g	198b
0c	15m	100y	0k		255r	212g	0b

The palettes on the next ten pages have been built from semi-muted hues borrowed from each of the book's previous chapters. Combinations of slightly restrained colors such as these can lend notes of restraint and sophistication to layouts and illustrations.

20c	55m	30y	0k		203r	133g	146b	
15c	0m	0y	10k		192r	217g	229b	
0c	5m	70y	10k		234r	211g	99b	

0c	65m	50y	10k		220r	111g	101b	
0c	25m	100y	20k		209r	160g	13b	
25c	5m	5y	5k		178r	206g	220b	

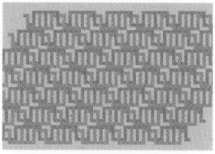

70c	20m	0y	20k		45r	137g	185b	
10c	65m	40y	0k		221r	119g	125b	
0c	25m	80y	20k		209r	161g	64b	

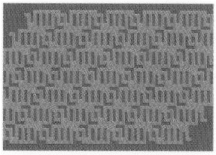

20c	100m	50y	30k		149r	15g	67b	
35c	0m	10y	30k		120r	165g	172b	
0c	15m	100y	20k		212r	176g	4b	

10c	30m	10y	20k	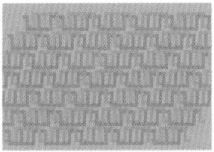	185r	153g	165b	
0c	30m	70y	10k		228r	169g	90b	
10c	10m	40y	10k		208r	197g	151b	
35c	20m	60y	30k		129r	136g	95b	
0c	40m	50y	10k		225r	153g	116b	
15c	20m	0y	10k		192r	182g	207b	
15c	70m	20y	30k		158r	80g	110b	
45c	0m	30y	20k		115r	173g	160b	
10c	50m	80y	0k		225r	143g	75b	
35c	40m	0y	20k	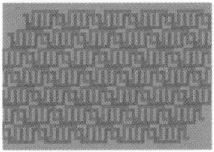	139r	127g	169b	
0c	55m	70y	20k		203r	116g	73b	
15c	0m	70y	20k		184r	191g	96b	
25c	70m	20y	40k	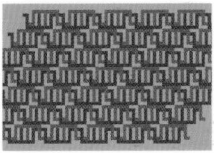	128r	69g	98b	
40c	5m	50y	40k		104r	135g	102b	
10c	40m	60y	0k		226r	162g	113b	

25c	10m	0y	20k	155r	175g	198b	
0c	40m	30y	10k	224r	155g	144b	
0c	25m	0y	10k	225r	184g	203b	
0c	10m	60y	10k	233r	203g	116b	

20c	80m	50y	0k	202r	88g	104b	
0c	40m	50y	10k	225r	153g	116b	
15c	0m	0y	10k	192r	217g	229b	
0c	5m	30y	10k	232r	216g	172b	

45c	30m	70y	40k	100r	106g	70b	
0c	25m	100y	20k	209r	160g	13b	
0c	45m	40y	10k	224r	145g	127b	
40c	0m	10y	20k	122r	179g	190b	

70c	20m	10y	20k	53r	137g	170b	
20c	55m	30y	0k	203r	133g	146b	
35c	30m	0y	10k	150r	154g	194b	
0c	15m	100y	20k	212r	176g	4b	

60c	40m	0y	20k	91r	117g	167b	
20c	75m	40y	0k	202r	98g	119b	
10c	50m	80y	0k	225r	143g	75b	
0c	20m	90y	10k	231r	185g	46b	

20c	80m	40y	20k	167r	72g	96b	
25c	0m	90y	20k	165r	182g	56b	
20c	0m	0y	10k	180r	213g	229b	
0c	5m	40y	10k	233r	214g	154b	

30c	40m	10y	40k	120r	104g	126b	
35c	10m	10y	30k	123r	151g	163b	
0c	65m	50y	10k	220r	111g	101b	
0c	10m	100y	0k	234r	200g	0b	

70c	50m	30y	30k	72r	91g	113b	
0c	90m	100y	20k	197r	53g	27b	
10c	50m	100y	0k	226r	143g	38b	
0c	20m	90y	10k	231r	185g	46b	

70c	30m	20y	40k	51r	100g	122b	
40c	5m	50y	40k	104r	135g	102b	
0c	60m	50y	30k	181r	98g	85b	
0c	25m	100y	20k	209r	160g	13b	

20c	100m	50y	30k	149r	15g	67b	
45c	10m	20y	30k	104r	145g	151b	
10c	50m	10y	30k	165r	110g	133b	
0c	5m	70y	10k	234r	211g	99b	

30c	15m	30y	30k		135r	147g	136b	
10c	30m	10y	20k		185r	153g	165b	
10c	50m	80y	0k		225r	143g	75b	
0c	5m	40y	10k		233r	214g	154b	

10c	50m	10y	30k		165r	110g	133b	
0c	65m	50y	10k		220r	111g	101b	
0c	30m	70y	10k		228r	169g	90b	
10c	10m	60y	10k		209r	195g	118b	

10c	90m	60y	30k		162r	45g	63b	
45c	40m	0y	20k		120r	123g	168b	
0c	55m	100y	20k		203r	115g	23b	
25c	0m	30y	20k		159r	188g	161b	

10c	45m	10y	40k		148r	104g	123b	
35c	20m	60y	30k		129r	136g	95b	
0c	40m	50y	10k		225r	153g	116b	
0c	5m	70y	10k		234r	211g	99b	

30c	30m	10y	20k		149r	143g	164b	
10c	10m	40y	20k		189r	181g	139b	
10c	40m	60y	0k		226r	162g	113b	
15c	0m	0y	10k		192r	217g	229b	

80c	80m	0y	30k	61r	56g	122b	
20c	100m	50y	30k	149r	15g	67b	
65c	0m	40y	30k	53r	145g	131b	
10c	50m	100y	0k	226r	143g	38b	

60c	60m	10y	40k	80r	73g	113b	
40c	25m	40y	40k	106r	115g	104b	
0c	55m	70y	20k	203r	116g	73b	
0c	15m	100y	20k	212r	176g	4b	

70c	50m	30y	30k	72r	91g	113b	
10c	65m	40y	20k	183r	99g	104b	
25c	30m	80y	30k	146r	127g	62b	
10c	60m	100y	0k	224r	126g	39b	

10c	80m	100y	40k	146r	56g	17b	
30c	40m	10y	40k	120r	104g	126b	
0c	40m	70y	20k	206r	139g	79b	
20c	0m	20y	20k	168r	192g	177b	

15c	80m	30y	40k	140r	55g	84b	
0c	75m	100y	30k	179r	75g	20b	
10c	25m	100y	30k	170r	139g	21b	
0c	25m	80y	20k	209r	161g	64b	

40c	30m	10y	40k	104r	111g	132b	
0c	20m	50y	10k	230r	188g	128b	
0c	25m	10y	10k	226r	183g	186b	
10c	5m	30y	5k	217r	216g	178b	
0c	5m	50y	5k	244r	223g	142b	

45c	10m	10y	40k	91r	130g	146b	
0c	45m	40y	20k	204r	133g	116b	
25c	0m	30y	20k	159r	188g	161b	
0c	10m	60y	10k	233r	203g	116b	
15c	20m	0y	10k	192r	182g	207b	

60c	60m	10y	40k	80r	73g	113b	
60c	30m	10y	30k	80r	116g	147b	
10c	65m	40y	20k	183r	99g	104b	
0c	55m	70y	20k	203r	116g	73b	
0c	15m	100y	20k	212r	176g	4b	

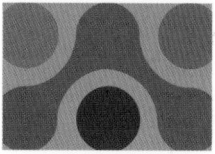

60c	10m	20y	40k	62r	123g	135b	
10c	50m	80y	0k	225r	143g	75b	
25c	10m	40y	20k	161r	171g	139b	
0c	20m	20y	10k	228r	191g	176b	
0c	5m	30y	10k	232r	216g	172b	

0c	60m	50y	30k	181r	98g	85b	
5c	20m	0y	20k	194r	173g	191b	
0c	15m	50y	20k	210r	180g	120b	
10c	0m	20y	20k	189r	200g	178b	
25c	5m	5y	5k	178r	206g	220b	

5c	25m	0y	15k	203r	173g	194b
0c	30m	20y	5k	236r	181g	174b
0c	5m	40y	10k	233r	214g	154b
15c	0m	5y	5k	202r	226g	228b
0c	5m	20y	0k	255r	239g	207b

0c	35m	100y	30k	186r	131g	13b
25c	5m	5y	20k	156r	181g	193b
0c	45m	40y	10k	224r	145g	127b
0c	30m	70y	10k	228r	169g	90b
10c	10m	40y	10k	208r	197g	151b

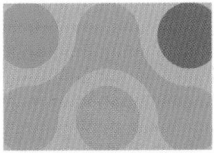

60c	60m	10y	40k	80r	73g	113b
70c	30m	20y	40k	51r	100g	122b
40c	25m	40y	40k	106r	115g	104b
10c	65m	40y	20k	183r	99g	104b
10c	40m	100y	0k	228r	165g	37b

15c	80m	30y	40k	140r	55g	84b
45c	10m	20y	30k	104r	145g	151b
0c	55m	100y	20k	203r	115g	23b
0c	65m	60y	10k	220r	111g	90b
0c	25m	80y	20k	209r	161g	64b

25c	30m	80y	30k	146r	127g	62b
30c	20m	0y	20k	145r	158g	188b
5c	40m	10y	20k	193r	140g	157b
0c	40m	30y	10k	224r	155g	144b
5c	10m	30y	0k	241r	223g	183b

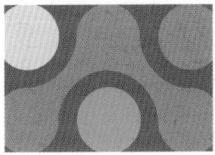

10c	45m	10y	40k	148r	104g	123b	
10c	35m	20y	10k	203r	158g	162b	
20c	0m	10y	20k	167r	193g	192b	
0c	15m	30y	10k	230r	199g	164b	
10c	5m	30y	5k	217r	216g	178b	

30c	30m	10y	20k	149r	143g	164b	
20c	10m	20y	20k	169r	176g	168b	
25c	20m	0y	10k	170r	175g	206b	
0c	30m	70y	10k	228r	169g	90b	
0c	10m	60y	10k	233r	203g	116b	

10c	80m	100y	40k	146r	56g	17b	
45c	40m	0y	20k	120r	123g	168b	
35c	20m	60y	30k	129r	136g	95b	
0c	35m	100y	30k	186r	131g	13b	
0c	55m	100y	20k	203r	115g	23b	

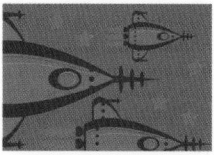

45c	30m	70y	40k	100r	106g	70b	
10c	65m	40y	20k	183r	99g	104b	
45c	10m	20y	30k	104r	145g	151b	
10c	50m	100y	0k	226r	143g	38b	
0c	15m	100y	20k	212r	176g	4b	

70c	30m	20y	40k	51r	100g	122b	
10c	50m	10y	30k	165r	110g	133b	
10c	25m	100y	30k	170r	139g	21b	
10c	50m	80y	0k	225r	143g	75b	
0c	20m	90y	10k	231r	185g	46b	

40c	5m	50y	40k	104r	135g	102b	
20c	0m	10y	20k	167r	193g	192b	
0c	35m	10y	10k	224r	165g	176b	
0c	20m	50y	10k	230r	188g	128b	
0c	5m	40y	10k	233r	214g	154b	

60c	30m	10y	30k	80r	116g	147b	
0c	55m	70y	20k	203r	116g	73b	
20c	20m	60y	20k	172r	159g	104b	
10c	30m	10y	20k	185r	153g	165b	
0c	25m	10y	10k	226r	183g	186b	

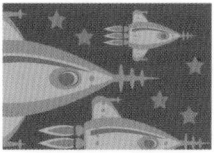

60c	60m	10y	40k	80r	73g	113b	
40c	30m	10y	40k	104r	111g	132b	
25c	30m	80y	30k	146r	127g	62b	
0c	45m	30y	30k	183r	120g	116b	
10c	40m	100y	0k	228r	160g	37b	

40c	25m	40y	40k	106r	115g	104b	
20c	55m	30y	20k	168r	111g	122b	
20c	20m	0y	20k	166r	164g	189b	
0c	25m	80y	20k	209r	161g	64b	
10c	40m	60y	0k	226r	162g	113b	

10c	50m	10y	30k	165r	110g	133b	
60c	0m	10y	30k	58r	150g	170b	
0c	65m	50y	10k	220r	111g	101b	
20c	30m	50y	20k	171r	145g	113b	
10c	50m	80y	0k	225r	143g	75b	

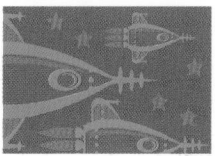

The colors of skin, soil and stone have been used to create the color combinations in this section. Consider using palettes such as these when your layout or illustration could benefit from earthy connotations of the natural world. Colors such as these can also be used effectively as backdrops for more saturated hues.

0c	15m	20y	30k		188r	165g	150b	
0c	10m	30y	20k		210r	189g	154b	
0c	5m	20y	10k		231r	217g	189b	

20c	30m	30y	10k		186r	160g	152b	
0c	30m	35y	10k		227r	172g	145b	
0c	10m	40y	20k		211r	188g	139b	

10c	40m	60y	30k		167r	121g	84b	
30c	10m	20y	40k		118r	137g	136b	
5c	20m	30y	10k		216r	186g	160b	

0c	5m	20y	40k		168r	159g	140b	
5c	20m	10y	20k		196r	172g	175b	
20c	15m	20y	10k		185r	185g	179b	

0c	30m	50y	50k		146r	109g	77b	
0c	30m	50y	30k		186r	140g	100b	
0c	30m	45y	10k		227r	171g	130b	
0c	5m	20y	60k		129r	122g	107b	
0c	10m	30y	50k		148r	133g	109b	
0c	10m	20y	30k		188r	171g	153b	
0c	35m	40y	65k		117r	83g	67b	
0c	30m	30y	40k		165r	127g	113b	
0c	20m	20y	30k		187r	158g	146b	
25c	60m	80y	40k		129r	80g	46b	
0c	35m	70y	20k		207r	147g	81b	
10c	20m	50y	20k		189r	165g	118b	
0c	10m	40y	60k		129r	115g	84b	
15c	40m	50y	20k		178r	133g	107b	
5c	0m	20y	30k		178r	183g	161b	

0c	10m	20y	30k	188r	171g	153b	
0c	15m	20y	20k	209r	183g	166b	
5c	10m	30y	10k	218r	202g	168b	
0c	10m	20y	10k	230r	208g	185b	

20c	30m	20y	20k	169r	148g	153b	
5c	0m	10y	30k	178r	184g	175b	
0c	10m	5y	20k	208r	192g	191b	
10c	10m	10y	10k	205r	201g	199b	

15c	40m	50y	20k	178r	133g	107b	
0c	10m	40y	20k	211r	188g	139b	
0c	15m	30y	10k	230r	199g	164b	
5c	10m	30y	0k	241r	223g	183b	

0c	20m	20y	40k	166r	141g	131b	
0c	30m	40y	20k	207r	157g	126b	
0c	10m	30y	30k	189r	170g	139b	
5c	20m	30y	10k	216r	186g	160b	

40c	40m	30y	40k	107r	100g	106b	
0c	10m	40y	30k	189r	169g	125b	
5c	20m	10y	20k	196r	172g	175b	
0c	15m	20y	5k	240r	209g	188b	

25c	40m	50y	20k		161r	129g	107b	
10c	15m	0y	30k		166r	160g	177b	
0c	20m	30y	20k		208r	174g	147b	
0c	10m	30y	20k		210r	189g	154b	

25c	60m	80y	30k		145r	90g	54b	
0c	15m	20y	50k		147r	129g	118b	
0c	25m	40y	30k		187r	148g	117b	
10c	20m	50y	20k		189r	165g	118b	

10c	5m	0y	60k		114r	119g	128b	
0c	30m	40y	30k		186r	141g	114b	
5c	0m	10y	40k		158r	164g	156b	
5c	0m	20y	30k		178r	183g	161b	

5c	0m	20y	40k		159r	163g	144b	
10c	10m	0y	30k		166r	166g	181b	
10c	5m	0y	20k		185r	192g	205b	
10c	15m	10y	10k		204r	193g	195b	

10c	15m	0y	60k		114r	109g	122b	
10c	10m	0y	40k		148r	148g	162b	
10c	5m	0y	30k		167r	173g	185b	
10c	15m	0y	20k		185r	177g	195b	

10c	65m	100y	40k	147r	77g	17b	
30c	70m	100y	0k	186r	104g	49b	
0c	30m	70y	10k	228r	169g	90b	
0c	5m	20y	20k	211r	198g	173b	

0c	30m	50y	50k	146r	109g	77b	
0c	30m	50y	30k	186r	140g	100b	
0c	30m	50y	20k	207r	156g	112b	
0c	30m	45y	10k	227r	171g	130b	

0c	15m	20y	70k	109r	95g	87b	
10c	45m	40y	40k	149r	103g	93b	
0c	10m	40y	30k	189r	169g	125b	
20c	10m	20y	30k	152r	159g	152b	

0c	10m	40y	70k	110r	98g	70b	
0c	30m	40y	50k	146r	110g	88b	
0c	20m	20y	40k	166r	141g	131b	
5c	10m	30y	10k	218r	202g	168b	

30c	45m	40y	40k	122r	97g	94b	
5c	0m	10y	70k	103r	107g	102b	
0c	10m	30y	60k	129r	116g	95b	
0c	10m	20y	50k	147r	134g	120b	

0c	30m	30y	70k		108r	81g	71b	
0c	30m	40y	50k		146r	110g	88b	
0c	30m	50y	40k		166r	125g	89b	
20c	30m	30y	10k		186r	160g	152b	
0c	15m	20y	60k		128r	112g	102b	
10c	5m	0y	60k		114r	119g	128b	
0c	10m	40y	50k		148r	132g	98b	
0c	10m	30y	40k		168r	152g	124b	
0c	15m	20y	70k		109r	95g	87b	
50c	40m	30y	40k		92r	96g	106b	
45c	30m	40y	40k		99r	108g	102b	
10c	15m	0y	40k		148r	143g	158b	
10c	15m	0y	70k		97r	92g	104b	
10c	10m	0y	60k		114r	114g	125b	
0c	10m	30y	60k		129r	116g	95b	
10c	40m	60y	30k		167r	121g	84b	
40c	40m	30y	40k	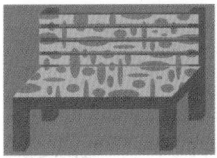	107r	100g	106b	
30c	10m	20y	40k		118r	137g	136b	
30c	40m	30y	20k		151r	128g	132b	
0c	10m	40y	20k		211r	188g	139b	

30c	30m	20y	20k	150r	143g	152b	
20c	30m	20y	20k	169r	148g	153b	
0c	15m	20y	30k	188r	165g	150b	
0c	10m	20y	20k	210r	190g	170b	
0c	5m	20y	10k	231r	217g	189b	

0c	10m	20y	50k	147r	134g	120b	
0c	10m	30y	40k	168r	152g	124b	
0c	5m	20y	30k	189r	178g	157b	
0c	15m	20y	20k	209r	183g	166b	
0c	10m	5y	20k	208r	192g	191b	

0c	10m	40y	40k	168r	151g	112b	
10c	20m	50y	20k	189r	165g	118b	
0c	20m	30y	20k	208r	174g	147b	
5c	20m	30y	10k	216r	186g	160b	
5c	10m	30y	0k	241r	223g	183b	

0c	5m	20y	40k	168r	159g	140b	
10c	10m	0y	20k	185r	185g	200b	
0c	30m	35y	10k	227r	172g	145b	
0c	10m	40y	20k	211r	188g	139b	
10c	10m	10y	10k	205r	201g	199b	

25c	40m	50y	20k	161r	129g	107b	
15c	40m	50y	20k	178r	133g	107b	
0c	25m	50y	20k	208r	164g	115b	
0c	15m	30y	10k	230r	199g	164b	
0c	10m	20y	10k	230r	208g	185b	

30c	20m	20y	40k	120r	126g	130b	
20c	10m	20y	30k	152r	159g	152b	
5c	0m	20y	40k	159r	163g	144b	
20c	20m	20y	10k	185r	177g	175b	
5c	0m	10y	20k	198r	204g	193b	

25c	60m	80y	30k	145r	90g	54b	
0c	30m	50y	30k	186r	140g	100b	
0c	30m	40y	20k	207r	157g	126b	
0c	25m	30y	20k	207r	166g	144b	
0c	10m	10y	20k	209r	191g	184b	

0c	25m	30y	50k	146r	117g	101b	
0c	30m	40y	30k	186r	141g	114b	
0c	25m	40y	20k	208r	165g	129b	
5c	20m	30y	10k	216r	186g	160b	
0c	15m	20y	5k	240r	209g	188b	

0c	10m	30y	60k	129r	116g	95b	
0c	10m	30y	50k	148r	133g	109b	
0c	10m	30y	40k	168r	152g	124b	
0c	30m	50y	20k	207r	156g	112b	
0c	10m	30y	30k	189r	170g	139b	

10c	5m	0y	60k	114r	119g	128b	
10c	5m	0y	50k	130r	136g	146b	
10c	5m	0y	40k	148r	155g	166b	
10c	5m	0y	30k	167r	173g	185b	
5c	10m	30y	10k	218r	202g	168b	

25c	60m	80y	40k	129r	80g	46b	
10c	40m	60y	30k	167r	121g	84b	
5c	30m	40y	20k	196r	154g	126b	
5c	20m	30y	10k	216r	186g	160b	
0c	10m	20y	10k	230r	208g	185b	

40c	60m	80y	30k	123r	87g	56b	
10c	55m	70y	30k	166r	101g	66b	
15c	40m	100y	30k	161r	118g	25b	
0c	45m	90y	20k	205r	130g	42b	
20c	55m	70y	0k	205r	132g	92b	

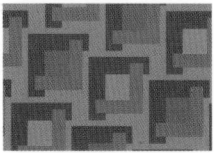

0c	10m	40y	60k	129r	115g	84b	
0c	5m	20y	50k	148r	140g	123b	
0c	10m	30y	40k	168r	152g	124b	
0c	10m	20y	30k	188r	170g	153b	
0c	15m	20y	20k	209r	183g	166b	

0c	10m	40y	70k	110r	98g	70b	
5c	0m	20y	70k	103r	107g	94b	
0c	10m	20y	50k	147r	134g	120b	
5c	0m	20y	50k	139r	144g	127b	
0c	10m	20y	20k	210r	190g	170b	

0c	30m	40y	60k	127r	95g	76b	
0c	30m	30y	50k	146r	111g	99b	
0c	25m	40y	30k	187r	148g	117b	
10c	20m	50y	20k	189r	165g	118b	
5c	0m	20y	30k	178r	183g	161b	

50c	40m	30y	40k		92r	96g	106b
45c	30m	40y	40k		99r	108g	102b
30c	40m	30y	20k		151r	128g	132b
30c	30m	20y	20k		150r	143g	152b
5c	0m	10y	30k		178r	184g	175b

50c	40m	30y	40k		92r	96g	106b
40c	40m	30y	40k		107r	100g	106b
5c	0m	10y	70k		103r	107g	102b
10c	45m	40y	40k		149r	103g	93b
30c	10m	20y	40k		118r	137g	136b

0c	15m	20y	70k		109r	95g	87b
0c	30m	40y	60k		127r	95g	76b
0c	30m	30y	50k		146r	111g	99b
0c	30m	40y	40k		165r	126g	101b
0c	30m	50y	30k		186r	140g	100b

10c	10m	0y	70k		97r	96g	106b
0c	10m	20y	70k		109r	99g	89b
0c	10m	40y	50k		148r	132g	98b
10c	15m	0y	40k		148r	143g	158b
0c	10m	40y	30k		189r	169g	125b

0c	30m	30y	70k		108r	81g	71b
25c	60m	80y	40k		129r	80g	46b
0c	30m	50y	50k		146r	109g	77b
0c	10m	40y	40k		168r	151g	112b
0c	10m	30y	30k		189r	170g	139b

Color Index 2 concludes with mixes of saturated hues and neutral colors. These palettes contain hues taken from all over the color wheel and are not dominated by any hue in particular. Adding neutrals to saturated sets of colors such as these tends to lend a measure of complexity and restraint to the palettes.

20c	5m	0y	0k	199r	223g	244b	
0c	30m	10y	0k	249r	191g	198b	
0c	10m	50y	0k	255r	225g	146b	
0c	15m	20y	30k	188r	165g	150b	

0c	70m	50y	0k	243r	113g	108b	
40c	20m	0y	0k	149r	181g	223b	
0c	10m	80y	0k	255r	222g	79b	
30c	30m	20y	20k	150r	143g	152b	

65c	0m	0y	30k	24r	148g	184b	
0c	100m	20y	0k	237r	6g	119b	
0c	25m	90y	0k	254r	194g	51b	
10c	40m	60y	30k	167r	121g	84b	

20c	100m	50y	0k	200r	33g	93b	
60c	0m	30y	0k	91r	196g	190b	
0c	10m	100y	10k	234r	200g	0b	
0c	5m	20y	20k	211r	198g	173b	

10c	65m	40y	0k	221r	119g	125b	
30c	0m	10y	10k	158r	203g	208b	
5c	20m	50y	0k	240r	202g	140b	
0c	30m	40y	40k	165r	126g	101b	

60c	40m	0y	20k	91r	117g	167b	
0c	65m	60y	10k	220r	111g	90b	
0c	20m	90y	10k	231r	185g	46b	
5c	0m	10y	30k	178r	184g	175b	

45c	10m	10y	40k	91r	130g	146b	
0c	45m	30y	0k	247r	161g	154b	
0c	10m	60y	10k	233r	203g	116b	
0c	30m	30y	70k	108r	81g	71b	

0c	100m	80y	20k	196r	18g	47b	
90c	0m	40y	0k	0r	175g	173b	
0c	15m	100y	20k	212r	176g	4b	
0c	10m	20y	60k	129r	117g	105b	

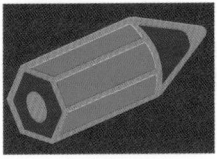

0c	90m	100y	0k	239r	65g	35b	
10c	30m	100y	0k	230r	177g	34b	
15c	0m	0y	0k	212r	239g	252b	
25c	60m	80y	40k	129r	80g	46b	

15c	40m	0y	0k	210r	163g	203b	
0c	20m	30y	0k	253r	209g	175b	
15c	0m	60y	0k	222r	231g	135b	
0c	10m	20y	40k	168r	153g	137b	

45c	0m	40y	0k	141r	207g	173b	
0c	40m	30y	0k	248r	170g	158b	
0c	25m	0y	0k	249r	203g	223b	
0c	30m	50y	40k	166r	125g	89b	

45c	60m	0y	0k	148r	116g	180b	
0c	45m	70y	0k	248r	158g	93b	
20c	15m	80y	0k	211r	198g	87b	
0c	10m	30y	70k	109r	98g	80b	

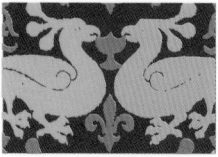

15c	80m	0y	20k	173r	71g	134b	
0c	55m	0y	0k	243r	145g	188b	
35c	0m	50y	0k	171r	214g	155b	
5c	10m	30y	10k	218r	202g	168b	

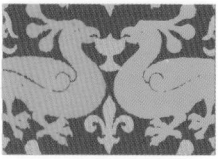

20c	70m	0y	0k	199r	108g	171b	
0c	65m	90y	0k	244r	121g	50b	
25c	0m	90y	20k	165r	182g	56b	
30c	70m	100y	40k	122r	68g	24b	

10c	50m	10y	30k		165r	110g	133b
10c	25m	100y	30k		170r	139g	21b
0c	35m	90y	0k		251r	176g	52b
10c	15m	40y	20k		189r	174g	136b

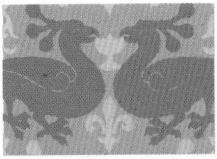

5c	50m	10y	20k		192r	124g	148b
45c	0m	30y	20k		115r	173g	160b
10c	50m	80y	0k		225r	143g	75b
40c	60m	80y	30k		123r	87g	56b

30c	50m	0y	20k		148r	115g	160b
35c	20m	60y	30k		129r	136g	95b
10c	60m	100y	0k		224r	126g	39b
10c	20m	50y	20k		189r	165g	118b

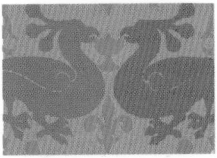

25c	30m	80y	30k		146r	127g	62b
30c	60m	0y	0k		178r	122g	180b
0c	55m	90y	0k		246r	139g	51b
10c	40m	60y	30k		167r	121g	84b

45c	40m	0y	20k		120r	123g	168b
40c	5m	50y	40k		104r	135g	102b
0c	55m 100y		20k		203r	115g	23b
0c	10m	40y	70k		110r	98g	70b

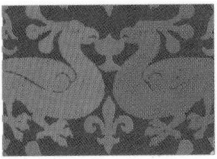

0c	45m	40y	0k	247r	160g	139b	
15c	10m	0y	0k	212r	218g	238b	
0c	5m	50y	0k	255r	235g	149b	
25c	40m	50y	20k	161r	129g	107b	
0c	25m	50y	20k	208r	164g	115b	

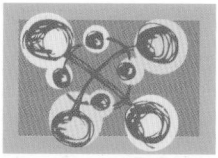

0c	60m	30y	0k	244r	133g	141b	
60c	0m	0y	0k	68r	199g	244b	
0c	15m	70y	0k	255r	215g	105b	
25c	60m	80y	40k	129r	80g	46b	
10c	40m	60y	30k	167r	121g	84b	

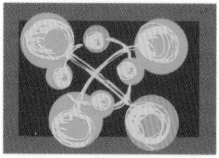

0c	65m	60y	0k	244r	122g	99b	
60c	0m	30y	0k	91r	196g	190b	
0c	10m	100y	10k	234r	200g	0b	
5c	0m	10y	60k	121r	126g	120b	
5c	0m	20y	50k	139r	144g	127b	

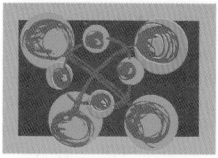

0c	100m	0y	0k	236r	0g	140b	
40c	10m	0y	0k	146r	197g	234b	
0c	3m	40y	0k	255r	240g	170b	
0c	25m	30y	50k	146r	117g	101b	
0c	10m	20y	20k	210r	190g	170b	

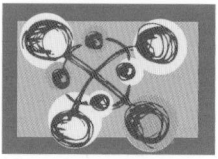

0c	100m	80y	0k	237r	26g	58b	
25c	20m	0y	10k	170r	175g	206b	
0c	20m	90y	10k	231r	185g	46b	
10c	15m	0y	40k	148r	143g	158b	
10c	10m	0y	20k	185r	185g	200b	

10c	30m	0y	10k	201r	168g	196b	
0c	25m	70y	0k	254r	196g	101b	
5c	0m	40y	0k	244r	243g	173b	
0c	10m	30y	40k	168r	152g	124b	
0c	5m	20y	20k	211r	198g	173b	

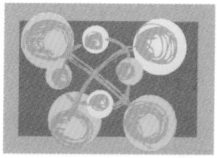

10c	70m	0y	0k	218r	111g	171b	
0c	60m	60y	0k	245r	132g	102b	
40c	0m	30y	0k	153r	212g	191b	
10c	10m	0y	60k	114r	114g	125b	
10c	10m	0y	40k	148r	148g	162b	

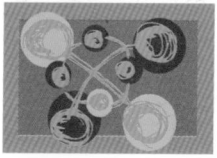

30c	30m	0y	0k	175r	171g	213b	
0c	45m	70y	0k	248r	158g	93b	
35c	0m	50y	0k	171r	214g	155b	
0c	30m	50y	50k	146r	109g	77b	
5c	10m	30y	10k	218r	202g	168b	

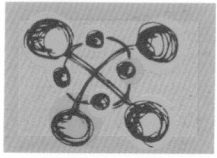

40c	0m	100y	30k	121r	154g	40b	
30c	60m	0y	0k	178r	122g	180b	
10c	60m	100y	0k	224r	126g	39b	
30c	70m	100y	40k	122r	68g	24b	
25c	60m	80y	30k	145r	90g	54b	

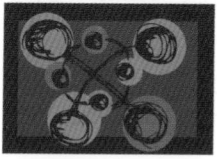

15c	50m	0y	10k	190r	132g	175b	
25c	0m	30y	20k	159r	188g	161b	
0c	35m	70y	0k	251r	177g	97b	
0c	10m	30y	50k	148r	133g	109b	
0c	5m	20y	10k	231r	217g	189b	

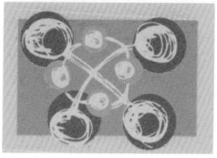

0c	100m	20y	0k	237r	6g	119b	
55c	10m	20y	0k	112r	185g	198b	
0c	45m	50y	0k	248r	159g	124b	
0c	15m	20y	60k	128r	112g	102b	
20c	10m	20y	30k	152r	159g	152b	

70c	50m	30y	30k	72r	91g	113b	
20c	80m	50y	0k	202r	88g	104b	
0c	15m	30y	0k	254r	219g	180b	
10c	15m	40y	20k	189r	174g	136b	
0c	10m	40y	20k	211r	188g	139b	

0c	80m	80y	0k	241r	90g	64b	
40c	20m	0y	0k	149r	181g	223b	
0c	25m	90y	0k	254r	194g	51b	
10c	5m	0y	70k	97r	101g	109b	
10c	45m	40y	40k	149r	103g	93b	

70c	30m	20y	40k	51r	100g	122b	
10c	50m	80y	0k	225r	143g	75b	
0c	5m	70y	10k	234r	211g	99b	
0c	30m	50y	40k	166r	125g	89b	
10c	20m	50y	20k	189r	165g	118b	

0c	25m	0y	0k	249r	203g	223b	
15c	0m	60y	0k	222r	231g	135b	
0c	5m	50y	0k	255r	235g	149b	
5c	0m	10y	40k	158r	164g	156b	
5c	0m	20y	30k	178r	183g	161b	

30c	25m	100y	0k	189r	174g	50b	
5c	30m	0y	10k	211r	171g	197b	
0c	10m	80y	0k	255r	222g	79b	
0c	30m	40y	50k	146r	110g	88b	
0c	30m	50y	30k	186r	140g	100b	

5c	60m	0y	10k	208r	119g	166b	
0c	35m	70y	0k	251r	177g	97b	
0c	10m	50y	0k	255r	225g	146b	
0c	15m	20y	50k	147r	129g	118b	
0c	10m	30y	20k	210r	189g	154b	

25c	40m	0y	10k	171r	143g	185b	
10c	50m	100y	0k	226r	143g	38b	
10c	30m	100y	0k	230r	177g	34b	
30c	45m	40y	40k	122r	97g	94b	
30c	40m	60y	30k	137r	114g	86b	

0c	70m	50y	0k	243r	113g	108b	
65c	0m	40y	0k	76r	191g	173b	
35c	0m	0y	0k	157r	220g	249b	
10c	15m	0y	70k	97r	92g	104b	
10c	10m	0y	40k	148r	148g	162b	

90c	0m	0y	50k	0r	107g	145b	
10c	65m	40y	20k	183r	99g	104b	
20c	15m	80y	0k	211r	198g	87b	
0c	10m	20y	40k	168r	153g	137b	
0c	5m	20y	10k	231r	217g	189b	

10c	65m	30y	0k	221r	119g	137b	
5c	20m	50y	0k	240r	202g	140b	
15c	0m	30y	0k	218r	234g	193b	
5c	0m	10y	60k	121r	126g	120b	
20c	15m	20y	10k	185r	185g	179b	

35c	0m	10y	30k	120r	165g	172b	
10c	0m	30y	20k	190r	198g	162b	
0c	5m	50y	5k	244r	223g	142b	
10c	15m	0y	40k	148r	143g	158b	
0c	10m	40y	30k	189r	169g	125b	

80c	20m	0y	0k	0r	158g	219b	
45c	0m	40y	0k	141r	207g	173b	
0c	25m	70y	0k	254r	196g	101b	
0c	35m	40y	65k	117r	83g	67b	
0c	10m	20y	10k	230r	208g	185b	

45c	10m	10y	40k	91r	130g	146b	
20c	20m	60y	20k	172r	159g	104b	
10c	50m	100y	0k	226r	143g	38b	
40c	60m	80y	30k	123r	87g	56b	
0c	5m	20y	20k	211r	198g	173b	

75c	20m	20y	0k	42r	159g	188b	
0c	60m	30y	0k	244r	133g	141b	
5c	30m	0y	0k	233r	188g	216b	
0c	30m	50y	50k	146r	109g	77b	
5c	10m	30y	10k	218r	202g	168b	

50c	80m	20y	40k	97r	51g	93b	
40c	0m	10y	20k	122r	179g	190b	
0c	60m	60y	0k	245r	132g	102b	
10c	5m	0y	30k	167r	173g	185b	
10c	10m	10y	10k	205r	201g	199b	

0c	65m	20y	0k	242r	124g	150b	
25c	0m	90y	20k	165r	182g	56b	
5c	20m	0y	0k	235r	208g	228b	
0c	30m	30y	60k	127r	96g	85b	
0c	30m	40y	30k	186r	141g	114b	

0c	60m	50y	30k	181r	98g	85b	
25c	40m	0y	10k	171r	143g	185b	
25c	10m	40y	20k	161r	171g	139b	
0c	10m	40y	70k	110r	98g	70b	
0c	10m	20y	20k	210r	190g	170b	

45c	0m	30y	20k	115r	173g	160b	
0c	45m	25y	0k	247r	161g	161b	
0c	20m	30y	0k	253r	209g	175b	
5c	0m	20y	70k	103r	107g	94b	
5c	0m	10y	20k	198r	204g	193b	

40c	0m	40y	30k	115r	159g	132b	
0c	65m	50y	10k	220r	111g	101b	
0c	55m	90y	0k	246r	139g	51b	
40c	55m	70y	40k	109r	82g	61b	
10c	15m	40y	20k	189r	174g	136b	

Don't forget to check out the original *Color Index*, too!

COLOR INDEX by Jim Krause

US ISBN-13: 978-1-58180-236-8, US ISBN-10: 1-58180-236-6,
UK ISBN-13: 978-0-7153-1397-8, UK ISBN-10: 0-7153-1397-5,
vinyl cover, 360 pages, #32011

Color Index provides more than one thousand color combinations and formulas—guaranteed to help graphic artists solve design dilemmas and create effective images for both print and the web.

These books and other fine titles are available from your local bookstore, online supplier or by calling 1-800-448-0915 in North America or 0870-2200220 in the UK.

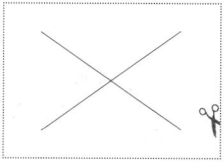

When considering this book's color combinations, you may wish to view a particular illustration or palette without letting the colors of nearby combos influence your opinion. Cut out this page—and remove its two rectangles—to create a set of masks that can be used for viewing illustrations and palettes individually.

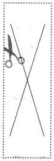

Savannah College of Art and Design